코칭리더십 관점에서 본

양성평등(UN SDG 5)

- 유엔 지속가능개발목표 5 -

박종욱

코칭리더십 관점에서 본 양성평등(UN SDG 5)

발 행 | 2023년 2월 3일

저 자 | 박종욱

펴낸이 | 박종욱

표지디자인 | 김은정

펴낸곳 | 주식회사 에이비씨컨설팅

출판사등록 | 2021.01.28.(제2021-20호)

주 소 | 서울특별시 서초구 남부순환로 350길 36 프랜닥터 8층(양재동)

전 화 | 010-5241-6019

이메일 | jopark@assist.ac.kr

ISBN | 979-11-927-8623-0

ABC CONSULTING

코칭리더십 관점에서 본 양성평등(UN SDG 5)

- 유엔 지속가능개발목표 5 -

박종욱

저자 소개

박종욱

- 서울대학교 학사
- 서울신학대학 M.Div
- 서울과학종합대학원 경영학 PhD

대학재학 중에 평생교육에 눈을 뜨고, 20대에 선교단체 간사로서 선교단체를 중심으로 대학생들을 일깨웠으며, 30대에 목회자로서 지역교회를 중심으로, 초등학생, 중고등학생, 대학생, 청장년, 노년에 이르기까지 전 연령대의 학습자들을 지도했으며, 40대에 직업훈련교강사 및 코치로서 대기업, 중소기업, 스타트업의 CEO, 임원, 직장인들을 위한 직업훈련교육 및 진성을 통해서 직업과 관련된 역량강화에 매진하였다. 50대에 경영학 박사학위(2021. 2)를 받고, 서울과학종합대학원 글로벌평생학습원 주임교수(2021. 3)로서 보다 전문적인 인재 양성을 위해 인생의 후반부를 헌신하고 있다. 최근 아가페사랑경영관점으로 본 지속가능개발목표(UN SDGs)를 연구하여 저술하는 작업에 집중하고 있다.

연구분야: 유엔 지속가능개발목표(UN SDG),

아가페사랑경영학, 아가페사랑경영관점, 사랑경영학,

조직구성원의 행복, 코칭리더십, 코칭리더십,

도전적스트레스, 회복탄력성, 조직지원인식, 감사성향,

심리적임파워먼트, 직무재창조, 창의적자기효능감,

혁신행동, 학습목표지향성, 그릿, 피드백추구행동,

직무만족, 성장마인드셋

저서: 『사랑경영학』(프롤로그: 조직구성원의 행복 – 이론편)

『아가페사랑경영관점에서 본 품위 있는 일자리 제공』

『아가페사랑경영관점에서 본 인생청사진 – 인생의 마지막
기말고사』

『아가페사랑경영관점에서 본 빈곤 퇴치(UN SDG 1)』

『아가페사랑경영관점에서 본 기아 종식(UN SDG 2)』

『아가페사랑경영관점에서 본 건강과 웰빙(UN SDG 3)』

『아가페사랑경영관점에서 본 양질의 교육(UN SDG 4)』

『아가페사랑경영관점에서 본 양성평등(UN SDG 5)』

『아가페사랑경영관점에서 본 물과 위생(UN SDG 6)』

『아가페사랑경영관점에서 본 깨끗하고 저렴한 에너지(UN
SDG 7)』

『아가페사랑경영관점에서 본 깨끗하고 양질의 일자리(UN SDG 8)』

『아가페사랑경영관점에서 본 깨끗하고 혁신과 인프라 구축 (UN SDG 9)』

『아가페사랑경영관점에서 본 깨끗하고 불평등 완화(UN SDG 10)』

『아가페사랑경영관점에서 본 지속가능한 도시(UN SDG 11)』

『아가페사랑경영관점에서 본 지속가능한 소비와 생산(UN SDG 12)』

『아가페사랑경영관점에서 본 지속가능한 기후변화 대응(UN SDG 13)』

『아가페사랑경영관점에서 본 지속가능한 해양 생태계(UN SDG 14)』

『아가페사랑경영관점에서 본 지속가능한 육상 생태계(UN SDG 15)』

『아가페사랑경영관점에서 본 지속가능한 평화와 정의, 제도 (UN SDG 16)』

『아가페사랑경영관점에서 본 파트너십(UN SDG 17)』

『아가페사랑경영관점에서 본 유엔 지속가능개발목표 (UN

목 차

코칭리더십 관점에서 본 양성평등
(UN SDG 5)

들어가는 글

본 책은 『아가페사랑경영관점에서 본 양성평등(UN SDG 5)』에 나오는 UN SDG 5의 내용과 이를 달성하기 위한 기업 혹은 기관들의 사례들을 코칭리더십의 관점으로 재해석하여, SDG의 이해와 확산에 기여하고자 집필된 책이다.

따라서 SDG 5의 내용과 기업 및 기관들의 사례 부분은 『아가페사랑경영관점에서 본 양성평등(UN SDG 5)』의 내용을 수정 보완한 것임을 미리 밝힌다.

그럼에도 불구하고 이러한 UN SDG 5의 내용과 기업 및 기관들의 사례를 코칭리더십의 관점으로 분석하여 UN SDG의 확산에 기여하고, 이를 달성하고자 하는 기업 및 기관들의 노력을 소개하고 독려하여 UN SDG 달성에 기여하고자 한다는 측면에서 시사점이 있다고 확신한다.

기업이라는 주체가 UN의 지속가능개발목표를 달성하고자
하는 과정에서 코칭리더십을 발휘한다고 볼 수 있다.
그간의 기업과 관련된 코칭리더십의 연구는 주로 기
업의 CEO나 리더들을 중심으로 연구되어왔다. 그러
나 인류의 지속가능개발목표를 달성하는 데 있어서
기업과 기관들은 코칭리더십을 발휘하는 주체로의 기
능을 충분히 가지고 있다고 확신한다.

이러한 주체들은 주로 법인의 인격을 가지고 있다. 따라서
법인격이 리더십을 발휘할 수 있다는 가능성은 대부
분 동의할 수 있는 주제일 것이다. 인류의 지속가능
을 위한 UN의 지속가능개발목표를 달성하는 일은 한
두 사람의 위대한 지도자에 의해서 도달하기 어려운
목표임이 분명하다.

따라서 글로벌 다국적 기업들을 포함한, NGO단체, 정부
및 국제기구들은 인류의 지속 가능을 목표로 하는
UN 지속가능개발목표를 달성하기 위한 노력의 주체

가 되어야 함이 분명하다. 또한 이러한 UN 지속가능
개발목표를 달성하기 위한 노력의 주체들이 리더십을
발휘해야 함에도 논쟁의 여지가 없다고 생각한다.

따라서 UN 지속가능개발목표를 달성하기 위한 다양한 조직
들의 노력을 리더십의 한 형태인 코칭리더십의 관점
으로 해석하여, 그들의 노력에 대한 의미를 부여하고
자 한다.

더 나아가 기업 또는 기관들이 UN 지속가능개발목표를 달
성하기 위해서 노력해야 할 동기로서 코칭리더십의
발현이라는 측면을 제시하고자 한다.

1. 코칭리더십 관점

코칭리더십이란 "개인과 조직의 성과를 향상시키기 위해서 지속적인 대화를 통해 피드백을 주고 격려를 받게 하는 말과 행동의 과정"으로 정의될 수 있다.

코칭리더십은 조직의 리더가 구성원들과의 관계를 수평적으로 유지하며, 구성원들이 자신의 업무를 자발적으로 수행해 나가기 위해서 자신들의 숨겨진 잠재력을 극대화해 나가는 과정을 의미하며, 이러한 과정에서 구성원들 개개인의 특성을 이해하고 스스로 동기부여할 수 있도록 도움으로써 조직의 당면과제를 해결하고, 성과를 내도록 영향력을 끼치는 리더의 행동을 포함한 개념이다.

또한, 코칭리더십을 코칭적 요소를 결합하여 동기부여를 향상시키는 리더십의 한 유형으로 볼 수 있다. 과거 조직에서의 리더들이 조직원들을 통제하고, 일방적으로 지시를 내림으로써 리더십을 발휘했던 것과는 달리, 코칭리더십으로 영향력을 미치는 리더들은 조직원들이 리더 자신을 신뢰할 때까지 기다리며, 의사전달도 쌍방향으로 소통되도록 노력하는 경향성을 가진다.

코칭리더십의 하위요소를 방향제시, 개발, 수행평가, 관계로 정리할 수 있는데, 각 개념을 간략하게 정리하면 다음과 같다.

1) 방향제시(Direction)

방향제시는 구성원들이 구체적인 목표를 스스로 설정해 나갈 수 있도록 리더가 도와주는 과정을 의미한다. 코칭리더십은 구성원들의 과제나 업무가 어떤 목표 혹은 목적을 향하여 나아갈 수 있도록 방향을 제시하는 리더십을 의미한다.

코칭리더십에서 이러한 방향제시가 중요한 이유는 구성원들이 성과를 내도록 영향력을 끼치는 과정에서 목표를 설정하는 것이 출발점이 되기 때문이다. 또한 이러한 방향제시는 구성원들의 개인적인 비전 혹은 업무와 연관된 조직의 비전과 연관되도록 하는 것이 효과적이다. 따라서 코칭리더십의 방향제시라는 하위요소는 성과지향적 혹은 과업지향적 특성을 가진다고 볼 수 있다.

2) 개발(Development)

개발은 구성원들에게 기회를 제공하여 학습할 수 있도록 도움으로써 스스로의 역량을 향상할 수 있도록 돕는 과정을 의미한다. 코칭리더십에서 가장 중요한 측면 중 하나는 구성원들의 지식, 기술, 역량, 태도 등을 향상할 수 있도록 돕는 과정인 개발이라는 하위요소이다.

이러한 지식, 기술, 역량, 태도 등의 향상은 성과를 향상시키는 것과 연결되어져야 한다. 이러한 측면에서 개발은 구성원을 육성하는 것과 연결되어진 개념이라고 볼 수 있다.

3) 수행평가(Accountability)

수행평가는 피드백을 통해서 구성원들에게 책임을 부여하여, 자발적으로 직무를 수행하도록 돕고, 그 결과를 공정하게 평가하는 과정을 의미한다. 코칭리더십의 또 다른 중요한 하위요소는 구성원들이 수행한 과제나 업무에 대해서 스스로 책임을 지도록 도우며, 그 결과를 공정하고 정확하게 평가하는 수행평가이다.

이러한 수행평가는 피드백을 수반한다. 구성원들이 과업을 수행하는 데 있어서 어느 정도의 단계에 위치해 있는지 혹은 그 과업의 수행 결과가 어디에 위치해 있는

지를 피드백함으로써 구성원들을 성장시키는 데 수행
평가의 목적이 있다.

4) 관계(Relationship)

관계는 격려, 칭찬, 지지 등을 통해 구성원들과 신뢰에 기
반한 수평적 관계를 형성하여 자발적으로 직무에 몰
입할 수 있도록 돕는 과정을 의미한다. 코칭리더십은
구성원들과 상호 신뢰하는 인간관계를 맺는 것이 중
요하다. 이 관계는 개방적인 특징을 가지고 있다.

조직 내에서 구성원들이 업무나 과제를 수행하는 과정에서
구성원들 상호 간의 관계가 성과에 영향을 미치기 때
문에 무시할 수 없는 부분이다. 성과와 연관된 요인
들 중 관계의 중요성이 점점 더 강조되고 있다. 따라
서 구성원은 격려하고, 칭찬하며, 경청하고, 지지 함
으로써 구성원들 간에 좋은 관계를 유지하는 것은 매

우 중요하다. 이러한 관계는 대인관계지향적 특징을 가진다고 볼 수 있다.

요약하면, 첫째는 방향제시로 구성원들이 구체적인 목표를 스스로 설정해 나갈 수 있도록 리더가 도와주는 과정을 의미하며, 둘째는 개발로 구성원들에게 기회를 제공하여 학습할 수 있도록 도움으로써 스스로의 역량을 향상할 수 있도록 돕는 과정을 의미한다. 셋째는 수행평가로 피드백을 통해서 구성원들에게 책임을 부여하여, 자발적으로 직무를 수행하도록 돕고, 그 결과를 공정하게 평가하는 과정을 의미하며, 넷째는 관계로 격려, 칭찬, 지지 등을 통해 구성원들과 신뢰에 기반한 수평적 관계를 형성하여 자발적으로 직무에 몰입할 수 있도록 돕는 과정을 의미한다.

코칭리더십은 조직구성원 스스로가 성과를 내는 데 필요한 수행능력을 향상시키고 문제해결을 하도록 촉진하는 체계적인 리더의 행동방식이라 할 수 있다.

코칭리더십은 조직구성원의 가능성을 리더가 개발하고, 업무를 수행하는 과정에서 발생하게 되는 문제를 해결하는 것을 목표로 하는 상호작용의 과정으로 정의될 수 있다.

코칭리더십은 위임과 임명을 하고, 조직구성원에 대한 진정한 관심을 통해서 그들의 흥미와 개발을 유도하고, 리더와 조직구성원 상호 간에 목표와 성과를 이루어가는 과정에서 발생하는 상호작용으로 정의될 수 있다.

코칭리더십은 조직구성원의 조직에 대한 태도와 행동 그리고 조직 성과에 영향을 주는 새롭고 효과적인 리더십의 한 유형으로 볼 수 있다.

이러한 코칭리더십은 긍정심리학에 근거를 두며, 행복 기반, 강점 기반이라는 기초를 가진다. 따라서 리더의 코칭리더십이 동일한 긍정심리학에 근거를 두고 있는 조직구성원의 행복과 관련된 심리적 안녕감, 정서적 몰입 등의 변수에 긍정적인 영향을 주는 것으로 연구되었다.

정리하면, 코칭리더십 관점이란 개인과 조직의 성과를 향상시키기 위해서 지속적인 대화를 통해 피드백을 주고 격려를 받게 하는 말과 행동의 과정으로, 조직의 리더가 구성원들과의 관계를 수평적으로 유지하며, 조직원들이 자신의 업무를 자발적으로 수행해 나가기 위해서 자신들의 숨겨진 잠재력을 극대화해 나가는 과정을 의미하며, 이러한 과정에서 구성원들 개개인의 특성을 이해하고 스스로 동기부여 할 수 있도록 도움으로써 조직의 당면과제를 해결하고, 성과를 내도록 영향력을 끼치는 리더의 행동을 포함한 개념이다.

이러한 코칭리더십의 관점으로 UN 지속가능개발목표(SDGs)를 논의해 보고자 한다. 더 나아가 UN SDGs의 실천을 위한 근본적인 동기로서 코칭리더십 관점을 제안하고자 한다.

2. SDG 5: 양성평등

지속가능한 발전을 위한 2030 어젠다는 "사람, 지구, 번영을 위한 행동 계획"이다. 그것은 17개의 지속가능개발목표(SDG)로 구성되어 있다. 이러한 목표는 분할할 수 없으며 경제적, 사회적, 환경적 차원을 포괄한다. 그 중 지속가능발전목표 5(SDG5)는 **양성평등** 목표이다. 그것은 **"양성평등을 달성하고 모든 여성과 소녀의 역량을 강화시킨다"**이다.

2015년 유엔 회원국들은 빈곤, 불평등, 기후 변화와 같은 도전의 세계적 성격을 인식하여 2030 지속가능한 개발 어젠다를 채택했다. 이러한 문제들을 정면으로 해결하기로 결심하면서, 국제 사회는 미래에 대한 야심찬 비전을 제시했다. 의제는 경제 성장, 사회적 포용, 환경 보호의 세 가지 핵심 요소를 포함한다. 함께, 이러한 상호 연결된 원칙은 삶의 모든 영역에 걸쳐 진보를 위한 청사진을 제공하는 17개의 지속 가능한 개발 목표(SDG)의 기초를 형성한다.

성별은 경제, 사회 및 환경 문제의 교차점에 있기 때문에 SDG 전체에 걸쳐 짜여져 있다. 성평등을 달성하고 모든 여성과 소녀들에게 힘을 실어주겠다는 야망과 함께 자체 목표인 SDG 5를 가지고 있으며, 다른 목표 중 10개에 명시적으로 언급되어 있다.

각 SDG에는 시간에 따라 측정하고 추적할 수 있는 특정 목표가 포함되어 있다. 글로벌 체크리스트와 마찬가지로 이러한 목표를 통해 2030년 시한에 가까워짐에 따라 진행 상황을 확인할 수 있다. SDG 5에는 9개의 목표가 있으며, 유엔 여성(UN Women)과 유엔 경제사회국(UN DESA: Department of Economic and Social Affairs)는 성별 스냅샷 보고서에서 매년 재고한다.

5.1 모든 곳의 모든 여성과 소녀에 대한 모든 형태의 차별을 종식시킨다.

5.2 인신매매, 성적 착취 및 다른 형태의 착취를 포함하여 공공 및 사적 영역에서 모든 여성과 소녀에 대한 모든 형태의 폭력을 제거한다.

5.3 아동 결혼, 조혼, 강제결혼, 그리고 여성할례와 같은 모든 형태의 유해한 관습을 제거한다.

5.4 공공 서비스, 기반시설 그리고 사회적 보호정책을 제공하고, 국가별로 적절하게 가정 내 가족의 책임분담을 유도함으로써 무상돌봄과 가사노동에 대해 인정하고 가치를 부여한다.

5.5 정치, 경제, 그리고 공적 생활의 모든 의사결정수준에서 리더십에 대한 여성의 완전하고 효과적인 참여와 동등한 기회를 보장한다.

5.6 국제인구개발회의 행동계획과 베이징 행동강령 및 그 검토회의 결과문서에서 합의한 대로 성 및 임신보건과 임신에 대한 권리를 보편적으로 접근할 수 있도록 보장한다.

5.a 국가의 법률에 의거해 여성에게 경제적 자원에 대해 동등한 권리를 주고, 토지나 다른 형태의 자산에 대한 소유와 통제, 금융서비스, 유산 및 천연자원에 대한 접근을 제공하

기 위한 개혁에 착수한다.

5.b 여성의 권익신장을 위해 실용기술 특히, 정보통신 기술 이용을 증진시킨다.

5.c 모든 수준에서 양성평등 및 모든 여성과 소녀의 권익신 장을 위해 실질적인 정책과 집행가능한 법을 채택하고 강화 시킨다.

위에 정리된 9개의 세부 목표에 대한 현주소를 자세히 살펴 보도록 하자.

5.1 모든 곳의 모든 여성과 소녀에 대한 모든 형태의 차별 을 종식시킨다(End discrimination).

성별에 따른 차별은 오랫동안 여성과 소녀들을 직장, 정치, 가정에서 남성에게 종속되게 했다. 일부 국가에서는 그러한 차별이 법률에서 지속되는 반면, 예를 들어, 여성을 특정 직업에서 법적으로 금지하는 반면, 다른 국가에서는 성별 임금 격차와 같은 경제적 장벽이 여성이 완전한 평등을 경험하지 못하게 한다.

성차별을 종식시키기 위해서는 삶의 모든 영역에서 양성평등을 촉진하고, 시행하고, 감시하는 법과 틀이 필요할 것이다. 이것은 직장 차별에 대한 법과 위반을 해결하기 위한 제도를 포함한 고용과 경제적 이익에 대한 동등한 접근을 의미한다. 이는 여성에 대한 폭력에 관한 법률, 예를 들어 성희롱이나 결혼 중 강간죄를 구체적으로 다루는 법률을 의미한다.

그것은 이혼을 개시하거나 가장으로서 인정받을 권리, 그리고 그러한 권리를 보호하기 위한 전용 가정법원과 같은 결혼과 가족 내의 동등한 권리와 보호를 포함한다. 그리고 그것은 헌법과 같은 중요한 법적 틀에서의 평등뿐만 아니라 공직에 출마하고 재직할 수 있는 동등한 권리를 포함한다. 이 분야에서 주목할 만한 진전이 있었지만, 법률 개혁의 속도는 너무 느리다.

5.2 인신매매, 성적 착취 및 다른 형태의 착취를 포함하여 공공 및 사적 영역에서 모든 여성과 소녀에 대한 모든 형태

의 폭력을 제거한다(End violence).

2020년 이전에 이미 만연한 문제인 여성과 소녀에 대한 폭력은 코로나 19의 여파로 급증했다. 많은 여성들은 팬데믹이 시작된 이후 더 안전하지 않다고 느낀다고 보고한다: 거의 10명 중 7명(68%)의 여성들은 파트너에 의한 언어적 또는 신체적 학대가 더 흔해졌다고 말하고, 4명 중 1명의 여성들은 더 빈번한 가정 갈등을 묘사한다.

지난 1년 동안, 15세 이상 여성 10명 중 거의 1명(9.9%)이 파트너에 의한 신체적 및/또는 성폭력을 경험했다; 15세에서 49세 사이의 여성의 경우, 그 수치는 12.5%로 급증한다. 평균적으로, 한 여성이나 소녀가 매 11분 마다 자신의 가족 중 누군가에 의해 죽임을 당한다. 총 7억 3천 6백만 명의 여성들이 일생 동안 적어도 한 번은 신체적 또는 성폭력을 경험한 것으로 추정된다. 그리고 데이터 수집의 한계를 감안할 때 문제의 범위는 훨씬 더 클 수 있다.

5.3 아동 결혼, 조혼, 강제결혼, 그리고 여성할례와 같은 모든 형태의 유해한 관습을 제거한다(End harmful practices).

아동 결혼과 여성할례(FGM)와 같은 관행은 여성과 소녀들의 선택의지를 박탈하며, 그들의 종속적 지위를 반영하고 공고히 한다. 결혼은 소녀들의 어린 시절을 빼앗아, 그들이 너무 일찍 성인 여성의 책임을 떠맡도록 강요한다. 그것은 그들의 미래를 제한하고, 종종 그들이 학교를 졸업하는 것을 방해한다. 그리고 그것은 그들의 건강을 해치고, 청소년 임신과 그에 수반되는 합병증, 그리고 가정 폭력의 높은 위험에 처하게 한다.

대부분 어린이들에게 행해지는 여성할례 또한 장단기적으로 심각한 건강 결과를 초래한다. 아동 결혼은 COVID-19가 악화시킬 위험이 있는 만연한 관행으로 남아 있다. 2021년 기준으로 20-24세 여성 5명 중 1명(19.5%)이 18세가 되기 전에 결혼했는데, 이는 2001년 4명 중 1명(25.8%)보다 낮지만 여전히 놀랄 정도로 높다. 2030년까지 아동 결혼을 끝내려면 변화율이 17배 증가해야 한다.

이미 너무 느린 여성할례(FGM)의 진전은 또한 전염병에 직면하여 역전될 위험이 있다. 그러나 고무적인 것은 이 관행에 대한 반대가 탄력을 받고 있는 것으로 보인다. 2021년에는 전년 대비 48% 증가한 4,475개 지역사회가 FGM의 공공연한 폐지를 약속했다.

5.4 공공 서비스, 기반시설 그리고 사회적 보호정책을 제공하고, 국가별로 적절하게 가정 내 가족의 책임분담을 유도함으로써 무상돌봄과 가사노동에 대해 인정하고 가치를 부여한다(Recognize and value unpaid work).

세탁에서 요리, 어린이 또는 노인 돌봄에 이르기까지 가정을 유지하려면 일상 업무와 집안일, 즉 일반적으로 여성과 소녀에 의해 무료로 이루어지는 노동의 철저한 목록이 필요하다. 이 작업은 세계 경제뿐만 아니라 일상생활에도 필수적이지만, 대부분 인정받지 못하고 평가되지 않고 있다. 2020년 이전에, 여성들은 세계 평균 남성들보다 대략 3배 더 많은 무급 노동을 했다.

그 후 COVID-19가 나타났는데, 이 기간 동안 봉쇄는 가사일과 돌봄 노동의 일일 부담을 크게 증가시켰다. 2020년

학교 및 유치원 폐쇄로 인해 6,720억 시간의 무급 보육이 추가로 발생했으며, 이 중 5,120억 시간은 가사 노동의 동일한 분할을 가정할 때 여성이 부담했을 것이다. 정부는 거의 지원을 제공하지 않았다: 60 퍼센트의 국가와 영토는 이 긴장을 개선하기 위한 어떠한 조치도 취하지 않았다.

여성과 소녀들에게 부담을 덜어주기 위해서는 두 가지 종류의 변화가 필요할 것이다. 전통적인 성 역할은 남성과 소년이 동등한 몫을 책임지는 가정 노동의 재분배에 자리를 내줘야 한다. 동시에, 정부는 개인의 부담을 줄이는 데 도움이 되는 더 나은 공공 서비스와 사회적 보호(예: 확대된 돌봄 시스템 및 유급 육아 휴가에 대한 요구 사항)를 제공해야 한다.

5.5 정치, 경제, 그리고 공적 생활의 모든 의사결정수준에서 리더십에 대한 여성의 완전하고 효과적인 참여와 동등한 기회를 보장한다(Ensure full participation in public life).

리더십 문제에 있어서 여성의 평등한 대표성은 양성평등을 달성하는 것뿐만 아니라 정치, 직장, 공공생활의 모든 영역에서 건전한 결정을 내리기 위한 것이다. 평등한 리더십은 다양한 관점과 목소리가 의사 결정 포럼에 참여하도록 보장하는데, 이는 최근 코로나 19 대책 위원회가 강조한 요구로, 여성의 방대한 과소 대표성이 대응과 회복 계획에 결정적인 격차를 초래했다.

이것은 일탈이 아니었다: 정치적, 경제적 리더십에 걸친 여성의 대표성은 여전히 동등하지 않다. 국가 차원에서 보면, 여성은 전 세계적으로 26.4%의 의석을 차지하고 있으며, 23개국에서 10% 미만의 의석을 차지하고 있다. 경제 분야에서는 2020년 기준 관리직 비중이 28.3%로 2019년보다 0.3% 증가하는 데 그쳤다. 진행률의 증가 없이, 국가 의회 기관의 성평등은 2062년까지 도달하지 못할 것이다.

직장에서는 경영진의 성평등이 140년 앞으로 다가오면서 상황이 더욱 악화되고 있다. 지역 의사결정기구에서 여성이 3분의 1(34.3%)을 조금 넘는 의석을 차지하고 있는 지역 정치는 그나마 전망이 더 좋다. 지역 의사결정기구에서의 동등성은 도달 가능한 범위 내에 있지만 2030년 마감일을 맞추기 위해 성별 할당제의 광범위한 시행에 달려 있을 것이다.

5.6 국제인구개발회의 행동계획과 베이징 행동강령 및 그 검토회의 결과문서에서 합의한 대로 성 및 임신보건과 임신에 대한 권리를 보편적으로 접근할 수 있도록 보장한다 (Ensure access to sexual and reproductive health and rights).

여성의 신체 자율성을 제한하는 것은 정부 차원에서나 가족 내에서나 가부장적 통제의 만연한 형태이다. 여성의 권한 부여는 의료와 교육에 대한 접근과 자신의 신체에 대한 정보에 근거한 결정을 내릴 권리를 포함하여 그들의 성적 및 임신 건강과 권리의 보호에 달려 있다.

2022년 현재, 임산부 관리, 낙태, 피임, 성교육, HPV 백신, HIV 검사, 상담 및 치료를 포함한 성 및 임신 건강 관리에 대한 접근을 보장하는 데 필요한 법률의 76%가 115개국에 시행되고 있다. 2021년 현재 전 세계 여성의 절반 이상 (57%)이 성과 생식에 대한 정보에 입각한 결정을 스스로 내릴 수 있었다.

이것은 남편이나 파트너와의 성관계를 거절할 뿐만 아니라 건강관리와 피임약 사용에 대한 선택을 할 수 있는 자유를 의미한다. 현재 진행 중인 여성 권리에 대한 후퇴는 이 숫자를 더 줄일 수 있다고 위협한다.

5.a 국가의 법률에 의거해 여성에게 경제적 자원에 대해 동등한 권리를 주고, 토지나 다른 형태의 자산에 대한 소유와 통제, 금융서비스, 유산 및 천연자원에 대한 접근을 제공하기 위한 개혁에 착수한다(Ensure equal economic resources).

경제적 자원에 대한 통제는 여성의 권한 부여의 중요한 동력으로, 향상된 안보와 독립성을 제공하고 생활 수준을 향상시킨다. 특히 토지 소유는 여성의 남성 파트너나 친척에 대한 의존도를 줄이고 신용에 대한 접근성을 높이는 데 도움이 된다. 부부간 평등한 상속권과 공유토지권 등 평등한 토지권 보장은 2030년 어젠다 실현을 위해 필수적이다. 그러나 개발도상국 농업 노동력의 약 절반을 차지하는 여성의 농업에서 상대적으로 동등한 대표성에도 불구하고 2019-2021년 데이터가 있는 52개국 중 4개국에서만 토지 소유에 대한 동등한 권리가 보장된다.

5.b 여성의 권익신장을 위해 실용기술 특히, 정보통신 기술 이용을 증진시킨다(Promote women's empowerment through technology).

기술은 우리가 배우고, 일하고, 의사소통하는 방식에서 점점 더 많은 역할을 하고 있으며, 휴대폰은 사치품에서 세상과 연결하는 필수적인 수단으로 변모했다. 그러나 세계의 많은 여성들에게 그러한 기술은 물론 그것이 제공하는 접근성과 독립성은 도달 불가능한 상태로 남아 있다: 2017-2021년 데이터에 따르면, 82개국 중 50개 국가에서 여성이 남성보다 전화기를 소유할 가능성이 낮다.

5.c 모든 수준에서 양성평등 및 모든 여성과 소녀의 권익신장을 위해 실질적인 정책과 집행가능한 법을 채택하고 강화시킨다(Sound policies and legislation).

양성평등은 저절로 일어나지 않을 것이다. 여성들과 소녀들의 권한 부여를 촉진하기 위해 정부의 모든 수준에서 집행 가능한 정책과 입법이 필요하다. 특히 사회경제적 영향이 남성보다 여성에게 압도적으로 큰 코로나19의 여파로 지속적인 성 격차 해소를 위해서는 성별에 민감한 정책이 필수적이다.

여기에는 전용 리소스가 필요하다. 정부는 양성평등을 위한 예산 배분을 추적하고 공개함으로써 투명성과 책임성을 높일 뿐만 아니라 적절한 자금 조달을 보장할 수 있다. 그러나 2018-2021년 자료에 따르면, 오직 26%의 국가만이 그러한 할당을 추적할 수 있는 포괄적인 시스템을 갖추고 있고, 15%는 시스템이 전혀 없다.

행동할 때가 되었다.

이러한 9가지 목표 전반에 걸쳐, SDG 5에 대한 최신 데이터에 의하면 그것을 달성하기까지 얼마나 오랜 시간이 걸릴지를 강조한다. 일부 문제에 대한 진전에도 불구하고, 생식 권리 및 여성의 경제적 권한 부여와 같은 다른 분야의 최근 후퇴는 양성평등을 더 이상 감당할 수 없게 만들었다. 성별 데이터 가용성과 사용을 포함하여 투자와 약속이 심각하게 증가되지 않으면 SDG 5는 2030년까지 달성되지 않을 것이며 전혀 달성되지 않을 수도 있다.

글로벌 커뮤니티로서 보다 나은 법률과 보호, 자원과 서비스에 대한 접근성, 그리고 보다 나은 자금 지원을 요구해야 할 때이다. 여성들과 소녀들은 더 이상 기다릴 여유가 없다. 이러한 현실은 SDG 5의 **"양성평등을 달성하고 모든 여성과 소녀의 역량을 강화시킨다"**는 목표는 더욱더 절실해지고 있다.

3. COVD-19가 SDG 5에 미친 영향

세계는 2030년까지 양성평등을 달성하는 궤도에 오르지 못하고 있으며, 전염병으로 인한 사회적, 경제적 여파는 상황을 더욱 암울하게 만들었다. 무급 간병 및 가사 노동에 소비되는 시간, 성 및 임신 건강에 관한 의사 결정, 성별 대응 예산 책정 등 많은 분야의 진전이 뒤처지고 있다.

이미 자금이 부족한 여성 의료 서비스는 큰 차질을 빚고 있다. 여성에 대한 폭력은 여전히 남아있다. 그리고 코로나19 대응에 있어 여성의 리더십에도 불구하고, 그들은 여전히 그들이 마땅히 받아야 할 의사 결정 자리를 확보하는 데 있어 남성들을 뒤쫓고 있다.

양성평등을 촉진하는 법률, 정책, 예산 및 제도의 추진을 포함하여 진전을 가속화하기 위한 헌신과 과감한 조치가 필요하다. 목표 5를 모니터링하는 데 필요한 데이터의 절반도 현재 사용할 수 없기 때문에 성별 통계에 대한 더 큰 투자가 필수적이다.

고령 여성에 대한 폭력에 대한 인식이 커지고 있지만 데이터는 여전히 제한적이다.

여성과 소녀들에 대한 폭력은 모든 나라에서 발견되며 모든 연령의 여성에게 영향을 미친다. 전 세계적으로, 15세 이상 여성 중 26%(6억 4천 1백만 명)가 남편이나 친한 파트너로부터 적어도 한 번은 신체 및/또는 성폭력을 당한 적이 있다. 제한된 증거는 전염병 기간 동안 여성에 대한 폭력이 강화되었음을 나타낸다.

유엔 양성평등 및 여성권한강화기구(UN Women)가 실시한 2021년 13개국 신속한 성평가 조사에서 45%의 여성이 코로나19 이후 어떤 형태의 폭력을 경험했다고 보고했다. 특히 고령 여성에 대한 폭력에 대한 세계적인 인식은 커지고 있지만, 주제에 대한 데이터는 제한적이며, 그러한 폭력의 성격, 규모, 심각성 및 복잡성은 과소평가될 수 있다.

친밀한 파트너 폭력에 대한 적격 데이터의 10% 미만이 50세 이상 여성들 사이에서 그러한 폭력의 만연성을 포착한다. 2000년부터 2018년까지의 제한된 증거에 따르면 이 연령대의 여성 중 4%에서 7%가 지난 12개월 동안 친한 파트너에 의한 신체 및/또는 성폭력을 경험했다.

그러나 나이든 여성들은 경제적 착취와 같은 여성에 대한 폭력에 대한 조사에서 일반적으로 측정되지 않는 특정한 형태의 폭력에 취약할 수 있다. 그러한 폭력의 가해자는 친한 파트너와는 별도로 성인 자녀와 다른 친척, 낯선 사람, 간병인 및 이웃을 포함할 수 있다.

아동 결혼과 여성할례는 소녀와 여성의 발전을 저해하는 지속적인 인권 침해이다.

2021년에는 젊은 여성 5명 중 거의 1명이 18세 이전에 결혼했다. 아동 결혼 비율이 가장 높은 곳은 사하라 이남 아프리카와 남아시아로, 젊은 여성의 35%와 28%가 유년기에 결혼했다. 세계적으로, 아동 결혼의 유병률은 지난 5년 동안 약 10% 감소했습니다.

그러나, 코로나19 범유행의 영향은 경제적 충격, 학교 폐쇄 및 사회 서비스 중단으로 인해 더 많은 소녀들을 위험에 빠뜨렸다. 2030년까지, 전염병 전에 위험에 처할 것으로 예상되었던 1억 명의 소녀들 외에도, 최대 1천만 명의 소녀들이 더 많은 어린이 신부가 될 가능성이 있다.

또 다른 지속적인 유해 관행과 인권 침해는 여성할례(FGM)다. 현재 살아있는 최소 2억 명의 소녀와 여성들이 FGM의 대상이 되었으며, 주로 이 관습이 집중되어 있는 31개 국가에서 FGM의 대상이 되었다. 많은 나라에서, 그것은 30년 전에 그랬던 것처럼 오늘날에도 흔하게 남아 있다.

관행이 덜 만연해진 국가에서도 2030년까지 FGM을 없애겠다는 글로벌 목표를 달성하기 위해서는 최소한 10배는 더 빠른 진전이 필요할 것이다. 교육은 그것을 없애기 위한 하나의 열쇠이다. FGM에 대한 반대는 교육을 받은 소녀들과 여성들 사이에서 가장 높다. 엄마가 초등교육을 받은 소녀들은 엄마가 교육을 받지 않은 소녀들보다 40퍼센트 덜 피해를 볼 가능성이 있다.

정치적, 경제적 영역 모두에서 여성의 리더십 접근성 진전은 여전히 부진하다.

팬데믹 기간 동안 여성 지도자들은 가장 취약한 집단을 다루는 조치를 우선시하면서 대응과 회복 노력을 이행하고 관리하기 위해 결정적이고 효과적으로 행동했다. 널리 인정된 성공에도 불구하고, 의사 결정 위치에서 여성의 대표성에 대한 진행 속도는 낙심되는 수준이다.

2022년 1월 1일 기준으로 전 세계 하원의 여성 비율은 26.2%로 2015년 22.4%보다 증가했다. 지방자치단체의 여성 점유율은 3분의 1을 약간 넘는다. 이런 속도라면, 여성과 남성이 국회에서 동등하게 대표되려면 앞으로 40년이 더 걸릴 것이다.

관리직을 포함한 직장 여성들은 코로나19 범유행의 영향을 불균형적으로 받았다. 많은 사람들이 집에서 무급 간병 업무가 늘어남에 따라 근무 시간이 줄어들거나 아예 노동시장에서 떠났다. 대유행 이전인 2019년에는 여성이 전체 고용의 39.4%를 차지했다.

2020년, 여성은 전 세계 고용 손실의 거의 45%를 차지했다. 전 세계 관리직에서 여성의 비율은 2015년부터 2019년까지 27.2%에서 28.3%로 약간 향상되었다. 이 비중은 2013년 이후 처음으로 증가세가 없는 해인 2019년부터 2020년까지 거의 변동이 없었다.

많은 나라에서, 여성들은 여전히 그들 자신의 몸에 대한 법적 자율권이 부족하다.

2007~2021년 64개국의 자료에 따르면, 결혼했거나 노조에 가입한 15~49세 여성 중 57%만이 성관계, 피임약 사용,

임신 건강 관리와 관련하여 정보에 입각한 결정을 내린다. 이러한 의사 결정 능력에 중요한 것은 법률이 관련 의료 및 정보에 대한 접근을 금지하거나 허용하는 범위이다.

데이터를 보유한 115개 국가에서, 성적 및 임신 건강과 권리에 대한 완전하고 평등한 접근을 보장하는 데 필요한 법과 규정의 평균 76%를 시행하고 있다. COVID-19 대유행의 영향은 여성의 신체적 자율성을 행사하는 능력에 상당한 영향을 미칠 것으로 보인다.

전염병 발생 첫 해에는 저소득 및 중산층 국가에서 약 140만 명의 의도하지 않은 임신이 추가로 발생했다. 이것은 몇 가지 요인 때문일 수 있다. 여성들은 건강 관리와 피임 방법을 찾기 위한 결정을 스스로 내리지 못하게 하는 재정적인 어려움을 경험했을지도 모른다.

봉쇄 기간 동안 여성들은 건강, 재정, 사회적 고립과 관련된 가정의 긴장 고조로 인해 성에 대해 거절하는 것이 더 어렵다는 것을 알게 되었을지도 모른다. 마지막으로, 성적 및 임신 건강 관리의 중단 또는 보류로 인해 이러한 필수적인 서비스를 여성들이 접근할 수 없게 되었을 수 있다.

여성의 토지와 재산권 보호는 아직 갈 길이 멀다.

토지, 특히 농경지에 대한 권리를 소유하는 것은 남성 파트너와 친척에 대한 여성의 의존도를 감소시킨다. 그러나, 36개국의 2009-2020 자료에 따르면, 30개국에서 절반 미만의 여성이 농경지에 대한 소유권 및/또는 보장된 종신 권리를 가지고 있었다. 이 나라들 중 18개국에서, 남성의 소유권 점유율은 여성의 2배였다.

성별 대응 정책과 법적 틀은 여성의 토지 권리를 증진시키는 데 필수적이다. 그러나 52개 보고국 중 15개국만이 이러한 점에서 여성에게 좋은 보호를 제공할 수 있는 충분한 조항을 법적 틀에 포함시켰다. 긍정적인 결과를 얻은 가장 두드러진 분야는 상속권과 토지 거래에서 처분되지 않도록 보호하는 것이다.

공공 재원을 양성평등 목표와 일치시키기 위해 가속화된 진전이 필요하다.

COVID-19로부터 더 잘 회복하는 것은 양성평등과 여성의 권한을 발전시키는 방식으로 재건하는 것을 의미한다. 이 목표의 기본은 공공 자금의 할당과 지출이 양성평등을 고려하도록 보장하는 것이다.

2018-2021년 동안 105개 국가와 지역에서 보고된 데이터에 따르면, 오직 26%의 국가만이 양성평등을 위한 공공 배분을 추적하기 위한 포괄적인 시스템을 가지고 있고, 59%는 그러한 시스템의 일부 특징을 가지고 있으며, 15%는 그러한 시스템의 최소 요소를 가지고 있지 않다. 성별 대응형 예산 편성의 종합적인 시행을 확대하고 모니터링과 평가를 강화하기 위한 신속한 조치가 필요하다.

4. 문제 제기

위와 같이 양성평등이라는 SDG 5의 실현은 코비드 19 팬데믹으로 인하여 심한 타격을 받았다. 이러한 상황에서 SDG 5의 양성평등이라는 목표를 재고하는 것은 무엇보다 중요할 것이다.

특히 무급 간병 및 가사 노동에 소비되는 시간, 성 및 임신 건강에 관한 의사 결정, 성별 대응 예산 책정 등 많은 분야의 진전이 뒤처지고 있고, 여성 의료 서비스는 큰 차질을 빚고 있으며, 여성에 대한 폭력은 여전히 만연하고 있다.

따라서 본 연구에서는 SDG 5를 코칭리더십 관점에서 논하고자 한다. 코칭리더십 관점이란 개인과 조직의 성과를 향상시키기 위해서 지속적인 대화를 통해 피드백을 주고 격려를 받게 하는 말과 행동의 과정을 의미한다.

이 과정에서 조직의 리더가 구성원들과의 관계를 수평적으로 유지하며, 조직원들이 자신의 업무를 자발적으로 수행해 나가기 위해서 자신들의 숨겨진 잠재력을 극대화해 나가는 과정을 의미하며, 이러한 과정에서 구성원들 개개인의 특성을 이해하고 스스로 동기부여할 수 있도록 도움으로써 조직의 당면과제를 해결하고, 성과를 내도록 영향력을 끼치는 리더의 행동을 포함한 개념이다.

코칭리더십의 하위요소를 방향제시, 개발, 수행평가, 관계로 정리할 수 있는데, 각 개념을 정리하면, 첫째는 방향제시로 구성원들이 구체적인 목표를 스스로 설정해 나갈 수 있도록 리더가 도와주는 과정을 의미하며, 둘째는 개발로 구성원들에게 기회를 제공하여 학습할 수 있도록 도움으로써 스스로의 역량을 향상할 수 있도록 돕는 과정을 의미한다.

셋째는 수행평가로 피드백을 통해서 구성원들에게 책임을 부여하여, 자발적으로 직무를 수행하도록 돕고, 그 결과를 공정하게 평가하는 과정을 의미하며, 넷째는 관계로 격려, 칭찬, 지지 등을 통해 구성원들과 신뢰에 기반한 수평적 관계를 형성하여 자발적으로 직무에 몰입할 수 있도록 돕는 과정을 의미한다.

코칭리더십은 조직의 리더가 구성원들과의 관계를 수평적으로 유지하며, 구성원들이 자신의 업무를 자발적으로 수행해 나가기 위해서 자신들의 숨겨진 잠재력을 극대화해 나가는 과정을 의미한다. 이러한 코칭리더십 관점을 SDG 5를 실현하고자 하는 동기의 근거로서 제시하고자 한다.

이러한 맥락에서 코칭리더십을 발휘하는 기업들과 기관들은 "양성평등을 달성하고 모든 여성과 소녀의 역량을 강화시킨다"는 방향을 제시하고, 그 과정에서 구성원들과의 관계를 수평적으로 유지하며, 구성원들이 자신의 업무를 자발적으로 수행해 나가기 위해서 자신들의 숨겨진 잠재력을 극대화해 나가는 과정에서 영향력을 끼치는 코칭리더십 관점을 잘 보여주고 있다.

"양성평등을 달성하고 모든 여성과 소녀의 역량을 강화시킨다"는 것은 인류의 지속가능을 위해서 매우 필수적이라고 볼 수 있다. 코칭리더십의 관점에서 인간으로서 마땅히 누려야 할 권리를 누리지 못하는 모든 여성과 소녀들을 보호하고, 이들이 온전히 기능하는 인간으로서 성장하고 올바로 기능할 수 있도록 육성한다면, 인류는 보다 지속가능한 발전을 이루어나갈 것이라고 확신한다.

따라서 코칭리더십 관점에서 SDG 5의 달성을 위한 노력은 단순한 비용이 아니라 인류의 미래를 향한 투자라고 볼 수 있다.

코칭리더십 관점에서 기업들과 기관들은 "양성평등을 달성하고 모든 여성과 소녀의 역량을 강화시킨다는 SDG 5를 실현하기 위해 지급해야 할 막대한 자금은 단순한 비용이 아니라 투자임이 분명하다"는 방향을 제시하고, 그 과정에서 구성원들과의 관계를 수평적으로 유지하며, 구성원들이 자신의 업무를 자발적으로 수행해나가기 위해서 자신들의 숨겨진 잠재력을 극대화해 나가는 과정을 보여주고 있다.

이러한 기업들과 기관들의 코칭리더십 발현은 SDG 5 달성을 위해 기여하고 있다.

이러한 맥락에서 코칭리더십 관점에 근거한 SDG 5. 양성평등을 논의하고자 한다.

5. SDG 5의 실현을 위한 다양한 사례들

1) 라틴아메리카, 카리브 경제위원회(ECLAC: Economic Commission for Latin America and the Caribbean) 사례

라틴아메리카 경제위원회(ECLA: The Economic Commission for Latin America)는 1948년 2월 25일 경제사회이사회 결의 제106호(VI)에 의해 설립되었으며 같은 해 기능하기 시작했다. 1984년 7월 27일 결의안 1984/67에 따라 경제위원회는 라틴아메리카와 카리브 경제위원회(ECLAC)로 이름을 바꾸기로 결정했다.

칠레 산티아고에 본부를 두고 있는 ECLAC는 유엔의 5개 지역 위원회 중 하나이다. 그것은 라틴 아메리카의 경제 발전에 기여하고, 이를 위한 조치를 조정하고, 국가들과 세계의 다른 국가들과의 경제적 유대를 강화하기 위한 목적으로 설립되었다.

이 지역의 사회 개발 촉진은 나중에 주요 목표 중 하나로 포함되었다. 1966년 12월에는 멕시코시티에 ECLAC 소지역본부를 설립하고, 트리니다드 토바고 항구에 카리브해 지역본부를 설립하였다. 또한 ECLAC는 부에노스아이레스, 브라질리아, 몬테비데오, 보고타에 국가 사무소를 두고 있으며, 워싱턴 D.C.에 연락 사무소를 두고 있다.

SDG 5와 그 세부목표가 다루는 문제에 대한 지역의 주요 메시지

O 라틴 아메리카와 카리브해 정부는 이 지역에서 성 불평등의 네 가지 구조적 장애물을 확인했다:

☑ 사회 경제적 불평등과 배타적 성장의 틀에서 빈곤의 지속성;

☑ 차별적이고 폭력적이며 가부장적인 문화 패턴과 특권 문화의 우위;

☑ 성적인 분할. 노동과 부당한 사회적 돌봄 조직;

☑ 공공 영역에서 권력의 집중과 위계적 관계.

이러한 장애물을 극복하는 것은 2030년까지 이 지역에서 양성평등을 달성하는 데 핵심이다.

○ 라틴 아메리카와 카리브해 정부는 여성에 대한 폭력을 근절하고 여성의 자율성과 권리의 완전한 행사를 제한하는 가부장적 관행, 담론, 문화적 패턴을 제거하기 위해 규정을 채택했다.

○ 라틴 아메리카는 세계에서 가장 많은 수의 여성이 국회의원에 선출된다. 그럼에도 불구하고, 라틴 아메리카와 카리브해 국가들의 대다수는 입법부와 정치의 다른 영역에서 성평등을 달성하는 것과는 거리가 멀다. 일자리를 찾아 노동시장에 진입하는 많은 여성들은 일자리를 찾지 못하거나 생산성이 낮은 일자리만 얻는다. 최근 몇 년간 일자리 창출 속도가 느려지면서 여성 실업률이 증가해 여전히 남성 실업률보다 높은 것으로 나타났다.

○ 빈곤 감소는 남성과 여성에게 동등하게 혜택을 주지 못했다. 가난한 가정에는 여성이 남성보다 더 많고, 특히 부

양가족이 있는 여성이 가장 많다.

O 2030 지속가능발전 어젠다를 지역 실정에 맞게 조정하고 양성평등과 지역 공간 내 여성의 권한 부여와 자율성을 주류화하는 것은 빈곤 퇴치와 불평등 감소, 좋은 거버넌스와 평화 양성을 위해 필수적이다.

SDG 5와 그 목표의 구현, 후속 조치 및 검토를 위한 과제와 기회

과제들

O 정치에서 여성들이 직면하는 가장 크고 때로는 가장 눈에 잘 띄지 않는 장애물 중 하나는 정치적 괴롭힘, 위협, 심지어 여성 살해의 형태로 나타나는 폭력이다. 이 문제는 입법 진행을 포함하여 최근에 들어와서야 체계적으로 다루어졌을 뿐이다.

O 여성의 노동력 참여와 다른 형태의 소득에 대한 접근은 다른 사회경제적 수준의 여성들 사이에서 매우 계층화되어

있다.

○ 여성 노동력 참여율은 최근 수십 년 동안 개선되었지만, 차별적인 사회, 문화 및 인구 통계학적 패턴으로 인해 남성이 무급 가사 노동에 소비하는 시간의 증가와 일치하지 않았다.

○ 심지어 더 많은 여성들이 중등 교육을 이수하더라도, 그들은 여전히 같은 고용 기회를 갖지 못하고, 남성들보다 더 적게 번다.

○ 카리브해는 여전히 성별 분업에 뿌리를 둔 불평등을 종합적으로 해결하기 위해 무급 노동을 정량화하기 위한 시간 사용 조사를 실시하지 않은 유일한 하위 지역이다.

기회들

○ 최근 몇 년 동안 제도적 틀과 관련하여 상당한 진전이 있었으며, 다양한 부문과 다른 주 수준에서 성 주류화 전략의 구현에 상당한 결과를 가져왔다.

○ 지역 성 의제와 2030 의제는 모두 경제적 자율성과 관련하여 무급 노동을 인식하고 평가하는 것과 시간 사용을 측정하는 도구의 중요성을 언급한다. 여성에 영향을 미치는 요인을 통계적으로 가시화하면 평등을 위한 증거 기반의 공공정책을 시행할 수 있다.

○ 이 지역의 성별에 따른 폭력을 해결하기 위해, 포괄적인 보호법의 제정, 여성 살해 또는 페미사이드의 성문화, 또는 피해자에 대한 직접 보호에서 법적 절차 동안 지원을 제공하는 보호 조치에 이르기까지 보호 조치의 증가와 같은 입법적이고 프로그램적인 조치가 채택되었다.

○ 의사결정 자율성과 관련하여, 대부분의 라틴 아메리카와 카리브해 국가들은 동등 기반 민주주의를 촉진하기 위한 노력으로 지난 20년 동안 할당량 및 동등법(parity laws)을 채택했다.

SDG 5 및 목표와 관련하여 배운 교훈과 모범 사례

○ 2030년까지 지속 가능한 개발 프레임워크 내에서 지역성 어젠다 이행을 위한 몬테비데오 전략의 시행은 여성의 권리를 보장하고 양성평등을 향해 나아가는 데 필요한 구조적 조건, 메커니즘 및 자원을 만드는 데 핵심이었다. 정부는 몬테비데오 전략을 지속 가능한 개발 전략의 일부인 양성평등 정책을 수립하기 위한 도구로 사용하고 있다. 현재까지, 이 지역의 25개국이 전략 시행의 진행 상황에 대해 보고했다. 예를 들어, 도미니카 공화국에서 몬테비데오 전략은 해당 국가에서 SDG 5를 달성하기 위한 조치의 프레임워크로 사용되어 왔다.

○ 여성의 발전을 위한 기구나 범분야적 정책을 시행하기 위한 부문 간 제도적 조정을 통해 이 지역에서 젠더 제도적 틀이 강화되었다.

○ 노동의 성적 분할과 돌봄 노동의 불공정한 사회 조직을 타파하기 위해, 몇몇 주들은 돌봄을 위한 법과 정책을 설계했다. 이러한 이니셔티브는 생애 주기의 모든 단계에서 돌봄이 필요한 사람들의 권리를 보호하고 동시에 여성이 부담하는 무급 노동의 과도한 부담과 여성의 경제적 자율성에

미치는 영향의 문제를 해결하고자 한다. 예를 들어 우루과이에서는 법률 제19353호에 따라 국가사회보호장치의 네 번째 축으로 국가통합의료시스템(SNIC)을 만들었다. 칠레에서는 2015년부터 2017년 사이에 여성의 간병인 역할을 인정하는 국가 지원 및 간병 하위 시스템을 포함하는 국가 간병 시스템을 설계 및 출범했다. 코스타리카에서는 REDCUDI(National Child Care and Development Network)의 법률 번호 9220/2014가 여성이 고용 시장에 진입할 수 있도록 종합적인 유아 돌봄을 제공하는 다양한 기관을 통합하고자 한다.

O 이 지역의 일부 국가에서는 여성부처들이 지속가능발전에 관한 고위급 정치포럼에 제출된 자발적인 국가 리뷰를 준비하는 데 관여해왔다. 우루과이의 2017년 보고서는 국립여성연구소(Inmujeres)가 국립통계연구소(INE), 기획예산처(OPP)와 함께 SDG 5 분석을 주도했다. 에콰도르의 2018년 보고서 작성을 위해, 정부는 여성 단체를 포함한 참여형 과정을 조직했다.

SDG 5를 달성하기 위한 라틴 아메리카와 카리브해의 권고

사항 및 목표

○ 이 지역은 다양한 글로벌 기구들보다 종종 더 야심찬 성평등에 관한 지역 및 소지역 기구들을 채택하는 데 선구자 역할을 해왔다. 라틴 아메리카 및 카리브해 정부는 이러한 기구들의 이행과 완전한 준수를 우선시해야 한다.

○ 양성평등을 달성하기 위해서는 평등에 대한 구조적 장애물을 해결하기 위한 포괄적인 정책을 강화해야 할 것이다.

○ 여성과 소녀에 대한 모든 형태의 폭력 근절과 관련하여 지역에서 확인된 모범 사례를 분석하고 공유하기 위해 더 많은 노력을 기울여야 한다. 명확한 데이터를 통해 그러한 폭력을 이해하는 것은 불처벌에 맞서 싸우는 데 매우 중요하다.

○ SDG 5를 달성하려면 성별 및 권리 기반 관점에서 돌봄에 대한 권리를 인식하고, 가사 및 무급 돌봄 노동을 소중히 여기며, 사회 보호의 일환으로 통합 돌봄 시스템을 촉진하는 것이 중요하다.

○ 성별 노동 분업이 양성평등에 대한 구조적 장애물 중 하나인 지역에서 가정 내 남성과 여성의 공동 책임을 촉진하는 것은 기본이다.

○ 여성의 삶에 영향을 미치는 공공 정책 설계에 교차 및 문화 간 접근 방식이 통합되어야 한다. 또한 성 불평등과 지역 협력 강화는 다차원적 접근 방식으로 해결되어야 한다.

○ 양성평등과 여성의 자율성에 대한 지역적, 세계적 공약을 충족시키기 위해서는 충분하고 점진적인 자금이 필요하다.

○ 여성의 발전을 위한 기구들은 2030 의제의 후속 조치를 위한 국가 조정 메커니즘에 완전히 통합되는 동시에 계속 강화되어야 한다. 이는 2030년까지 지속 가능한 개발의 세 가지 차원 모두에서 양성평등을 달성하고 실질적인 평등을 달성하기 위한 긍정적인 시너지 효과를 창출하는 데 도움이 될 것이다.

칠레 산티아고에 본부를 두고 있는 ECLAC는 유엔의 5개 지역 위원회 중 하나이다. 그것은 라틴 아메리카의 경제 발전에 기여하고, 이를 위한 조치를 조정하고, 국가들과 세계의 다른 국가들과의 경제적 유대를 강화하기 위한 목적으로 설립되었다.

이러한 ECLAC의 목적은 ECLAC의 "방향제시"라는 코칭리더십의 하위요소를 보여주고 있다. 방향제시는 구성원들이 구체적인 목표를 스스로 설정해 나갈 수 있도록 리더가 도와주는 과정을 의미한다. 코칭리더십은 구성원들의 과제나 업무가 어떤 목표 혹은 목적을 향하여 나아갈 수 있도록 방향을 제시하는 리더십을 의미한다.

코칭리더십에서 이러한 방향제시가 중요한 이유는 구성원들이 성과를 내도록 영향력을 끼치는 과정에서 목표를 설정하는 것이 출발점이 되기 때문이다. 또한 이러한 방향제시는 구성원들의 개인적인 비전 혹은 업무와 연관된 조직의 비전과 연관되도록 하는 것이 효과적이다. 따라서 코칭리더십의 방향제시라는 하위요소는 성과지향적 혹은 과업지향적 특성을 가진다고 볼 수 있다.

라틴 아메리카의 경제 발전에 기여하고, 이를 위한 조치를 조정하고, 국가들과 세계의 다른 국가들과의 경제적 유대를 강화하기 위한 ECLAC의 목적을 향하여 나아갈 수 있는 방향을 제시하는 "방향제시"라는 코칭리더십을 잘 발휘하고 있다.

이러한 목적을 향한 방향제시 하에 SDG 5와 관련하여 라틴 아메리카와 카리브해 정부는 이 지역에서 성 불평등과 관련된 다음의 네 가지 구조적 장애물을 확인하였다. 다음의 장애물을 극복하는 것이 SDG 5. 양성평등을 달성하는 데 핵심이다.

☑ 사회 경제적 불평등과 배타적 성장의 틀에서 빈곤의 지속성; ☑ 차별적이고 폭력적이며 가부장적인 문화 패턴과 특권 문화의 우위; ☑ 성적인 분할. 노동과 부당한 사회적 돌봄 조직; ☑ 공공 영역에서 권력의 집중

과 위계적 관계.

이러한 ECLAC의 SDG 5와 관련된 장애물을 분석하고 제
시하는 것은 ECLAC의 목적에 합당한 방향을 제시함
으로써 ECLAC의 코칭리더십 발현을 보여주고 있다
고 볼 수 있다.

라틴 아메리카와 카리브해 정부는 여성에 대한 폭력을 근절
하고 여성의 자율성과 권리의 완전한 행사를 제한하
는 가부장적 관행, 담론, 문화적 패턴을 제거하기 위
해 규정을 채택했다.

이러한 ECLAC 및 라틴 아메리카와 카리브해 정부의 노력
은 "수행평가"라는 코칭리더십의 하위요소를 잘 보여
주고 있다.

수행평가는 피드백을 통해서 구성원들에게 책임을 부여하
여, 자발적으로 직무를 수행하도록 돕고, 그 결과를
공정하게 평가하는 과정을 의미한다. 코칭리더십의 또
다른 중요한 하위요소는 구성원들이 수행한 과제나

업무에 대해서 스스로 책임을 지도록 도우며, 그 결과를 공정하고 정확하게 평가하는 수행평가이다.

이러한 수행평가는 피드백을 수반한다. 구성원들이 과업을 수행하는 데 있어서 어느 정도의 단계에 위치해 있는 지 혹은 그 과업의 수행 결과가 어디에 위치해 있는 지를 피드백함으로써 구성원들을 성장시키는 데 수행평가의 목적이 있다.

라틴 아메리카와 카리브해 정부의 여성에 대한 폭력을 근절하고 여성의 자율성과 권리의 완전한 행사를 제한하는 가부장적 관행, 담론, 문화적 패턴을 제거하기 위해 채택한 규정들은 SDG 5. 양성평등의 과업을 수행하는 데 있어서 구성원들이 어느 정도의 단계에 위치해 있는지 혹은 그 과업의 수행 결과가 어디에 위치해 있는지를 피드백함으로써 구성원들을 성장시키는 "수행평가"를 잘 보여주고 있다.

특히 2030년까지 지속 가능한 개발 프레임워크 내에서 지역 성 어젠다 이행을 위한 몬테비데오 전략의 시행은 여성의 권리를 보장하고 양성평등을 향해 나아가는 데 필요한 구조적 조건, 메커니즘 및 자원을 만드는 데 핵심이었다.

정부는 몬테비데오 전략을 지속 가능한 개발 전략의 일부인 양성평등 정책을 수립하기 위한 도구로 사용하고 있다. 현재까지, 이 지역의 25개국이 전략 시행의 진행 상황에 대해 보고했다. 예를 들어, 도미니카 공화국에서 몬테비데오 전략은 해당 국가에서 SDG 5를 달성하기 위한 조치의 프레임워크로 사용되어 왔다.

이러한 ECLAC 몬테비데오 전략의 시행 역시 "수행평가"라는 코칭리더십의 하위요소를 잘 보여주고 있다.

또한 여성의 발전을 위한 기구나 범분야적 정책을 시행하기 위한 부문 간 제도적 조정을 통해 이 지역에서 젠더 제도적 틀이 강화되었다. 이러한 ECLAC의 노력들은 "개발"이라는 코칭리더십의 하위요소를 잘 보여주고 있다.

개발은 구성원들에게 기회를 제공하여 학습할 수 있도록 도움으로써 스스로의 역량을 향상할 수 있도록 돕는 과정을 의미한다. 코칭리더십에서 가장 중요한 측면 중 하나는 구성원들의 지식, 기술, 역량, 태도 등을 향상할 수 있도록 돕는 과정인 개발이라는 하위요소이다.

이러한 지식, 기술, 역량, 태도 등의 향상은 성과를 향상시키는 것과 연결되어져야 한다. 이러한 측면에서 개발은 구성원을 육성하는 것과 연결되어진 개념이라고 볼 수 있다.

여성의 발전을 위한 기구나 범분야적 정책을 시행하기 위한 부문 간 제도적 조정은 여성의 지식, 기술, 역량, 태도 등의 향상을 통해서 SDG 5. 양성평등의 목표를 달성하는 데 기여하고 있다. 이러한 ECLAC의 노력은 "개발"을 통한 코칭리더십 발현을 잘 보여주고 있다고 볼 수 있다.

또한 우루과이에서는 법률 제19353호에 따라 국가사회보호장치의 축으로 국가통합의료시스템(SNIC)을 만들었다. 칠레에서는 2015년부터 2017년 사이에 여성의 간병인 역할을 인정하는 국가 지원 및 간병 하위 시스템을 포함하는 국가 간병 시스템을 설계 및 출범했다. 코스타리카에서는 REDCUDI(National Child Care and Development Network)의 법률 번호 9220/2014가 여성이 고용 시장에 진입할 수 있도록 종합적인 유아 돌봄을 제공하는 다양한 기관을 통합하고자 한다.

이러한 ECLAC의 다양한 노력들은 다양한 기관과 국가들을 통합하는 "관계"라는 코칭리더십의 하위요소를 잘 보여주고 있다. 관계는 격려, 칭찬, 지지 등을 통해 구성원들과 신뢰에 기반한 수평적 관계를 형성하여 자발적으로 직무에 몰입할 수 있도록 돕는 과정을 의미한다. 코칭리더십은 구성원들과 상호 신뢰하는 인간관계를 맺는 것이 중요하다. 이 관계는 개방적인 특징을 가지고 있다.

조직 내에서 구성원들이 업무나 과제를 수행하는 과정에서 구성원들 상호 간의 관계가 성과에 영향을 미치기 때문에 무시할 수 없는 부분이다. 성과와 연관된 요인들 중 관계의 중요성이 점점 더 강조되고 있다. 따라서 구성원은 격려하고, 칭찬하며, 경청하고, 지지 함으로써 구성원들 간에 좋은 관계를 유지하는 것은 매우 중요하다. 이러한 관계는 대인관계지향적 특징을 가진다고 볼 수 있다.

ECLAC는 다양한 정부와 다양한 기관들과의 좋은 관계를 통해서 좋은 결과를 얻게 되는 대인관계지향적인 특성을 가진 "관계"라는 코칭리더십의 하위요소를 통해서 코칭리더십을 발휘하고 있다고 볼 수 있다.

이러한 ECLAC의 관계를 통한 코칭리더십의 발현을 통해서 여성의 발전을 위한 기구들은 2030 의제의 후속 조치를 위한 국가 조정 메커니즘에 완전히 통합되는 동시에 계속 강화되어야 한다. 이는 2030년까지 지속가능한 개발의 세 가지 차원 모두에서 양성평등을 달성하고 실질적인 평등을 달성하기 위한 긍정적인 시너지 효과를 창출하는 데 도움이 될 것으로 판단되어진다.

정리하면, ECLAC 사례는 코칭리더십 관점에서 개인과 조직의 성과를 향상시키기 위해서 지속적인 대화를 통해 피드백을 주고 격려를 받게 하는 말과 행동의 과정으로, 조직의 리더가 구성원들과의 관계를 수평적으로 유지하며, 조직원들이 자신의 업무를 자발적으로 수행해 나가기 위해서 자신들의 숨겨진 잠재력을 극대화해 나가는 과정을 의미하며, 이러한 과정에서 구성원들 개개인의 특성을 이해하고 스스로 동기부여할 수 있도록 도움으로써 조직의 당면과제를 해결하고, 성과를 내도록 영향력을 끼치는 코칭리더십을 발휘하고 있다.

유엔 여성, ILO 및 유럽 연합은 282명의 라틴 아메리카 및 카리브해 여성 사업가 및 기업가를 양성한다.

유엔 여성, 국제노동기구(ILO) 및 유럽연합(EU)의 주요 금융인이 파트너십 틀을 통해 시행한 'Win-Win: 평등은 비즈니스를 의미한다' 프로그램은 중남미 및 카리브해 여성 기업가 가상 교육을 지역 전역에서 참석자들의 참여로 성료했다. 2022년 5월 25일에 시작된 이 과정은 최종 논문의 전달과 함께 7월 24일에 끝났다.

폴라 나르바에스 유엔 여성 아르헨티나 담당책임자 겸 대표 대행은 "등록된 344명의 여성기업가 중 82%(282명)가 교육을 마쳤는데, 이는 참가자들에게 온라인과 2개월간의 활동이라는 점을 감안하면 매우 높은 비율"이라고 말했다. 나르바에즈는 "참가자들은 매우 다양한 배경을 가지고 있으며 대다수가 3년에서 20년 사이의 경력을 가지고 있는 기업가 정신과 기업의 지도자이며 평균 5년 이상의 직책을 맡고 있다"고 덧붙였다.

유럽 연합으로부터 윈-윈 프로그램의 관리를 책임지고 있는 바르바라 로체스는 프로그램의 영향과 많은 참가자들을 축하했다. "여성 기업가들은 현재 상황의 영향을 가장 많이 받는 중소기업 부문에 속하기 때문에 어려운 시기를 겪고 있습니다. 이러한 어려움에 직면하여, 여성들은 함께 모여 네트워크를 구축하고 서로를 지원하고 있습니다. 이 활동은 지역 차원에서의 이러한 협업의 한 예이며, 저는 우리가 그것을 더욱 장려하기를 바랍니다. 그것은 또한 유럽연합과 유엔 간의 협력의 한 예입니다. 우리는 그 네트워크가 지역적일 뿐만 아니라 바다를 건너는 것이 될 것이라고 생각합니다."라고 로체스가 말했다.

빅토리아 줄리에티는 "ILO에서 우리는 COVID-19 시대에 리더십을 강화하기 위해 노력하고 있습니다. 지난 6월 중남미 여성 기업가 네트워크를 출범시켰고 위기가 기회도 가져다주기 때문에 팬데믹 기간 동안 긍정적인 행동에 대해 이야기하기로 결정했습니다"라고 말했다.

세 가지 모듈로 구성된 이 과정은 재정 계산, 전문 네트워크 관리, 경제적 젠더 폭력, 젠더 관점의 조달 체인 관리 또는 수출 시작과 같이 비즈니스를 강화하는 도구를 강조하는 평등 및 경제적 권한 부여에 대한 일반 개념을 다루었다. 이번 교육은 여성 기업가 및 비즈니스우먼의 협회, 조직, 네트워크 역량 강화를 목적으로 아르헨티나에서 실시된 '여성 기업가 네트워크 강화 프로그램'을 배경으로 하며, 270명의 여성이 참여했다.

유엔 여성, 국제노동기구(ILO) 및 유럽연합(EU)의 주요 금융인이 파트너십 툴을 통해 시행한 'Win-Win: 평등은 비즈니스를 의미한다' 프로그램은 중남미 및 카리브해 여성 기업가 가상 교육을 지역 전역에서 참석자들의 참여로 성료했다. 이러한 라틴 아메리카 및 카리브해 여성 사업가 및 기업가를 양성 사례는 "방향 제시" 및 "개발"과 "관계"라는 코칭리더십의 하위요소를 잘 보여주고 있다.

방향제시는 구성원들이 구체적인 목표를 스스로 설정해 나갈 수 있도록 리더가 도와주는 과정을 의미한다. 코칭리더십은 구성원들의 과제나 업무가 어떤 목표 혹은 목적을 향하여 나아갈 수 있도록 방향을 제시하는

"방향제시"라는 코칭리더십의 하위요소를 통해 리더십을 의미한다.

코칭리더십에서 이러한 방향제시가 중요한 이유는 구성원들이 성과를 내도록 영향력을 끼치는 과정에서 목표를 설정하는 것이 출발점이 되기 때문이다. 또한 이러한 방향제시는 구성원들의 개인적인 비전 혹은 업무와 연관된 조직의 비전과 연관되도록 하는 것이 효과적이다. 따라서 코칭리더십의 방향제시라는 하위요소는 성과지향적 혹은 과업지향적 특성을 가진다고 볼 수 있다.

라틴 아메리카 및 카리브해 여성 사업가 및 기업가를 양성 사례는 "Win-Win: 평등은 비즈니스를 의미한다"는 SDG 5. 양성평등을 성취하기 위한 목적을 향하여 나아갈 수 있도록 방향을 제시하는 코칭리더십의 발현을 의미한다.

또한 라틴 아메리카 및 카리브해 여성 사업가 및 기업가를 양성 사례는 "개발"이라는 코칭리더십의 하위요소를 잘 보여주고 있다. 개발은 구성원들에게 기회를 제공하여 학습할 수 있도록 도움으로써 스스로의 역량을 향상할 수 있도록 돕는 과정을 의미한다.

코칭리더십에서 가장 중요한 측면 중 하나는 구성원들의 지식, 기술, 역량, 태도 등을 향상할 수 있도록 돕는 과정인 개발이라는 하위요소이다. 이러한 지식, 기술, 역량, 태도 등의 향상은 성과를 향상시키는 것과 연결되어져야 한다. 이러한 측면에서 개발은 구성원을 육성하는 것과 연결되어진 개념이라고 볼 수 있다.

라틴 아메리카 및 카리브해 여성 사업가 및 기업가를 양성 사례는 라틴 아메리카 및 카리브해 지역의 여성 사업가들과 기업가들의 지식, 기술, 역량, 태도 등을 향상할 수 있도록 도움으로써 코칭리더십을 발휘하고 있다고 볼 수 있다.

특히 세 가지 모듈로 구성된 이 과정은 재정 계산, 전문 네트워크 관리, 경제적 젠더 폭력, 젠더 관점의 조달 체인 관리 또는 수출 시작과 같이 비즈니스를 강화하는 도구를 강조하는 평등 및 경제적 권한 부여에 대한 일반 개념을 다루었다. 이번 교육은 여성 기업가 및 비즈니스우먼의 협회, 조직, 네트워크 역량 강화를 목적으로 아르헨티나에서 실시된 '여성 기업가 네트워크 강화 프로그램'을 배경으로 하며, 270명의 여성이 참여했다. 이러한 내용들은 코칭리더십의 "개발"이라는 하위요소를 매우 분명하게 보여주고 있다.

또한 라틴 아메리카 및 카리브해 여성 사업가 및 기업가를 양성 사례는 코칭리더십의 "관계"라는 하위요소를 잘 보여주고 있다. 관계는 격려, 칭찬, 지지 등을 통해 구성원들과 신뢰에 기반한 수평적 관계를 형성하여 자발적으로 직무에 몰입할 수 있도록 돕는 과정을 의미한다. 코칭리더십은 구성원들과 상호 신뢰하는 인간관계를 맺는 것이 중요하다. 이 관계는 개방적인 특징을 가지고 있다.

조직 내에서 구성원들이 업무나 과제를 수행하는 과정에서 구성원들 상호 간의 관계가 성과에 영향을 미치기 때문에 무시할 수 없는 부분이다. 성과와 연관된 요인들 중 관계의 중요성이 점점 더 강조되고 있다. 따라서 구성원은 격려하고, 칭찬하며, 경청하고, 지지 함으로써 구성원들 간에 좋은 관계를 유지하는 것은 매우 중요하다. 이러한 관계는 대인관계지향적 특징을 가진다고 볼 수 있다.

라틴 아메리카 및 카리브해 여성 사업가 및 기업가를 양성 사례는 라틴 아메리카 및 카리브해 지역의 여성 사업가들과 기업가들을 격려하고, 칭찬하며, 경청하고, 지지함으로써 여성 사업가들과 기업가들 간에 좋은 관계를 유지함으로써 좋은 성과를 내는 코칭리더십을 잘 보여주고 있다.

특히 유럽 연합으로부터 윈-윈 프로그램의 관리를 책임지고 있는 바르바라 로체스는 프로그램의 영향과 많은 참가자들을 축하했다. "여성 기업가들은 현재 상황의 영향을 가장 많이 받는 중소기업 부문에 속하기 때문에 어려운 시기를 겪고 있습니다. 이러한 어려움에 직면하여, 여성들은 함께 모여 네트워크를 구축하고 서로를 지원하고 있습니다. 이 활동은 지역 차원에서의 이러한 협업의 한 예이며, 저는 우리가 그것을 더욱 장려하기를 바랍니다. 그것은 또한 유럽연합과 유엔 간의 협력의 한 예입니다. 우리는 그 네트워크가 지역적일 뿐만 아니라 바다를 건너는 것이 될 것이라고 생각합니다."라고 로체스가 말했다. 이러한 내용들은 코칭리더십의 "관계"라는 하위요소의 전형적인 모습을 잘 보여주고 있다.

정리하면, 라틴 아메리카 및 카리브해 여성 사업가 및 기업가를 양성 사례는 코칭리더십 관점에서 개인과 조직의 성과를 향상시키기 위해서 지속적인 대화를 통해 피드백을 주고 격려를 받게 하는 말과 행동의 과정으로, 조직의 리더가 구성원들과의 관계를 수평적으로 유지하며, 조직원들이 자신의 업무를 자발적으로 수행해 나가기 위해서 자신들의 숨겨진 잠재력을 극대화해 나가는 과정을 의미하며, 이러한 과정에서 구성원들 개개인의 특성을 이해하고 스스로 동기부여 할 수 있도록 도움으로써 조직의 당면과제를 해결하고, 성과를 내도록 영향력을 끼치는 코칭리더십을 발휘하고 있다.

여성 리더십에 관한 미주 태스크포스

이 이니셔티브는 VIII Summit of the Americas(페루, 2018년 4월)에서 미주 및 카리브해 지도자들이 협력과 시너지 강화를 통해 양성평등과 여성 리더십을 증진하기 위한 여성 리더십에 관한 미주 간 태스크포스의 창설을 승인했을 때 시작되었다.

지금까지 태스크포스 회원들은 정부 및 기타 이해관계자들과 대화를 나누며 주요 행위자들의 헌신을 강화하는 로드맵을 정의하고 의사 결정에 여성의 리더십을 참여시키는 다부문 연합을 통해 더 큰 효율성을 달성하기 위한 노력을 조화시키려고 했다. 중남미 여성에 관한 14차 지역회의 기간 중 미주 태스크포스는 칠레 산티아고에서 '경제 시나리오를 바꾸기 위한 여성 리더십 투자: 민간 부문과의 교훈과 협력' 부대행사를 개최했다.

태스크포스는 여성 리더십과 관련된 전문 지식과 프로그램을 인정한 주요 미주 및 국제 조직으로 구성된다. 여기에는 라틴 아메리카 및 카리브해 경제 위원회(ECLAC), 미주 개발 은행(IADB), 미주 기구/미주 여성 위원회(CIM), 미주 인권 위원회(IACHR), 범아메리카 보건 기구(PAHO), ParlAmericas, 유엔 개발 계획(UNDP), 유엔 여성, 라틴 아메리카 개발 은행(CAF), 카리브해 여성 리더십 연구소(CIWiL), 라틴 아메리카 및 카리브해 여성 권리 수호 위원회(CLADEM) 등이 있다.

태스크포스 팀의 목표 중 하나는 국제, 정부 간, 미국 간 기관 및 기타 이해관계자 간의 조치의 조정과 일관성을 향상시켜 미주 정상 회담 프로세스의 틀에서 미국을 SDG 5.5의 리더로 자리매김하는 것이다.

여성 리더십에 관한 미주 태스크포스 이니셔티브는 VIII Summit of the Americas(페루, 2018년 4월)에서 미주 및 카리브해 지도자들이 협력과 시너지 강화를 통해 양성평등과 여성 리더십을 증진하기 위한 여성 리더십에 관한 미주 간 태스크포스의 창설을 승인했을 때 시작되었다.

여성 리더십에 관한 미주 태스크포스 사례는 코칭리더십의 "방향제시", "개발" 및 "관계"라는 코칭리더십의 하위요소를 잘 보여주고 있다.

첫째로 방향제시는 구성원들이 구체적인 목표를 스스로 설정해 나갈 수 있도록 리더가 도와주는 과정을 의미한다. 코칭리더십은 구성원들의 과제나 업무가 어떤 목표 혹은 목적을 향하여 나아갈 수 있도록 방향을 제시하는 리더십을 의미한다.

코칭리더십에서 이러한 방향제시가 중요한 이유는 구성원들이 성과를 내도록 영향력을 끼치는 과정에서 목표를 설정하는 것이 출발점이 되기 때문이다. 또한 이러한 방향제시는 구성원들의 개인적인 비전 혹은 업무와 연관된 조직의 비전과 연관되도록 하는 것이 효과적이다. 따라서 코칭리더십의 방향제시라는 하위요소는 성과지향적 혹은 과업지향적 특성을 가진다고 볼 수 있다.

여성 리더십에 관한 미주 태스크포스 사례는 "미주 및 카리브해 지도자들이 협력과 시너지 강화를 통해 양성평등과 여성 리더십을 증진"이라는 목표를 향하여 나아갈 수 있도록 리더십을 발휘하는 코칭리더십의 "방향제시"라는 하위요소를 분명하게 보여준다.

둘째로 코칭리더십의 하위요소인 "개발"은 구성원들에게 기회를 제공하여 학습할 수 있도록 도움으로써 스스로의 역량을 향상할 수 있도록 돕는 과정을 의미한다. 코칭리더십에서 가장 중요한 측면 중 하나는 구성원들의 지식, 기술, 역량, 태도 등을 향상할 수 있도록 돕는 과정인 개발이라는 하위요소이다.

이러한 지식, 기술, 역량, 태도 등의 향상은 성과를 향상시키는 것과 연결되어져야 한다. 이러한 측면에서 개발은 구성원을 육성하는 것과 연결되어진 개념이라고 볼 수 있다.

여성 리더십에 관한 미주 태스크포스 사례는 여성 리더십과 관련된 전문 지식과 프로그램을 인정한 주요 미주 및 국제 조직으로 구성된다. 이러한 여성 리더십과 관련된 전문지식과 프로그램을 통해서 여성 리더들의 지식, 기술, 역량 태도 등을 향상하여 성과에 영향을 미치는 "개발"을 통해서 코칭리더십을 발휘하고 있다고 볼 수 있다.

셋째로, 코칭리더십의 하위요소인 "관계"는 격려, 칭찬, 지지 등을 통해 구성원들과 신뢰에 기반한 수평적 관계를 형성하여 자발적으로 직무에 몰입할 수 있도록 돕는 과정을 의미한다. 코칭리더십은 구성원들과 상호 신뢰하는 인간관계를 맺는 것이 중요하다. 이 관계는 개방적인 특징을 가지고 있다.

조직 내에서 구성원들이 업무나 과제를 수행하는 과정에서 구성원들 상호 간의 관계가 성과에 영향을 미치기 때문에 무시할 수 없는 부분이다. 성과와 연관된 요인들 중 관계의 중요성이 점점 더 강조되고 있다. 따라서 구성원은 격려하고, 칭찬하며, 경청하고, 지지 함으로써 구성원들 간에 좋은 관계를 유지하는 것은 매우 중요하다. 이러한 관계는 대인관계지향적 특징을 가진다고 볼 수 있다.

여성 리더십에 관한 미주 태스크포스 사례는 라틴 아메리카
및 카리브해 경제 위원회(ECLAC), 미주 개발 은행
(IADB), 미주 기구/미주 여성 위원회(CIM), 미주 인
권 위원회(IACHR), 범아메리카 보건 기구(PAHO),
ParlAmericas, 유엔 개발 계획(UNDP), 유엔 여성,
라틴 아메리카 개발 은행(CAF), 카리브해 여성 리더
십 연구소(CIWiL), 라틴 아메리카 및 카리브해 여성
권리 수호 위원회(CLADEM) 등과의 파트너십으로 이
루어진다.

태스크포스 팀의 목표 중 하나는 국제, 정부 간, 미국 간
기관 및 기타 이해관계자 간의 조치의 조정과 일관성
을 향상시켜 미주 정상 회담 프로세스의 틀에서 미국
을 SDG 5.5의 리더로 자리매김하는 것이다. 이러한
여성 리더십에 관한 미주 태스크포스 사례는 좋은 관
계를 통한 좋은 성과를 이루도록 돕는 코칭리더십의
"관계"라는 하위요소를 분명하게 보여주고 있다.

정리하면, 여성 리더십에 관한 미주 태스크포스 사례는 코

칭리더십 관점에서 개인과 조직의 성과를 향상시키기 위해서 지속적인 대화를 통해 피드백을 주고 격려를 받게 하는 말과 행동의 과정으로, 조직의 리더가 구성원들과의 관계를 수평적으로 유지하며, 조직원들이 자신의 업무를 자발적으로 수행해 나가기 위해서 자신들의 숨겨진 잠재력을 극대화해 나가는 과정을 의미하며, 이러한 과정에서 구성원들 개개인의 특성을 이해하고 스스로 동기부여 할 수 있도록 도움으로써 조직의 당면과제를 해결하고, 성과를 내도록 영향력을 끼치는 코칭리더십을 발휘하고 있다.

코스타리카와 망명을 원하는 여성들이 카카오 농장을 구하기 위해 뭉친다.

여성으로만 구성된 한 카카오 커뮤니티는 70대 창업주를 지원하고 니카라과의 망명 신청자들을 포함해 회원들에게 꼭 필요한 수입을 제공해 주었다. 니카라과 국경 근처에 있는 코스타리카 북부의 카카오 농장 주인인 73세의 비센타 곤살레스에게는 상황이 암울해 보였다.

몇 년 전, 인근 강의 물이 넘쳐 그녀의 재산이 범람했다. 설상가상으로, 그녀의 울창한 숲이 우거진 그녀의 땅에 흩어져 있는 1,000개가 넘는 카카오 나무 중 많은 수가 초콜릿의 원료인 귀중한 종자 꼬투리를 망치는 역병에 걸렸다. 비센타와 그녀의 남편, 두 명의 친자녀, 그리고 다섯 명의 입양된 자녀들은 수십 년 동안 코스타리카 북부 우팔라에 있는 18헥타르의 농장을 관리했다. 그러나 그 부부의 자녀들은 이미 커서 뿔뿔이 흩어졌고, 비센타의 남편은 홍수와 흑사병의 이중고를 겪기 직전에 엄청난 병에 걸렸다.

농장에서 무릎이 좋지 않은 빈센타는 어느 날 지역 NGO에서 운영하는 가정 폭력 예방 교육 과정에 혼자 참석할 때까지 앞으로 나아갈 길이 보이지 않았다. 그곳에서 그녀와 몇몇 다른 참가자들은 하나의 아이디어를 얻었다. 그들은 함께 뭉쳐서 농장을 가꾸고, 초콜릿과 카카오에서 파생된 기타 제품을 만들고 판매하고 있다.

이익은 그들 사이에 분배되어 회원들이 토지의 대부분이 광대한 파인애플 농장으로 바뀌고 안정적인 일자리가 부족한 지역에서 가족을 부양하는 데 도움이 되고 있다. 여성으로만 구성된 카카오 협동조합이 탄생했다. 그들은 Cacao와 코스타리카에서 온 사람을 지칭하는 일반적인 용어인 "Tica"를 합친 이름이면서 스페인어로 카카오를 뜻하는 단어인 Cacaotica를 탄생시켰다.

10명의 회원 대부분이 가정 폭력의 생존자이다. 여기에는 2018년에 시작된 반정부 시위의 물결에 따라 광범위한 박해를 피해 달아난 니카라과 출신의 코스타리카 여성과 난민 여성이 포함되어 있다.

"협동조합에 가입하는 것은 우리가 성공할 수 있는 기술을 가지고 있다는 것을 보여주었습니다."

"니카라과에서 오는 여성들을 보는 것은 가슴 아픈 일입니다."라고 비센타는 말했다. "그들은 아무것도 없이 도착하고 극도로 충격을 받고 두려워합니다." 그녀는 50년 전 코스타리카인 남편이 함께 농장을 운영하자는 아이디어로 그녀를 팔아넘긴 후 니카라과에서 코스타리카로 이사했다.

비센타는 그녀의 나라에서 온 난민들을 돕는 오랜 역사를 가지고 있다. 1980년대 니카라과의 내전 동안, 그녀는 코스타리카로 도망치는 사람들에게 그녀의 집을 개방했다. 그리고 12만 명 이상의 니카라과 사람들이 코스타리카로 피난하는 것을 본 2018년 시위의 여파로, 그녀는 다시 그렇게 했다.

함께 일하면서, 여성들은 나무를 돌보고, 병든 얼룩을 보여주는 콩을 잘라내고, 익은 노란색을 수확한다. 그들은 화학 비료와 살충제를 피하고 자연 대체제를 선호하는데, 예를 들어, 카카오 나무가 직접 흘린 콩껍질, 죽은 나무껍질, 잎

뿐만 아니라 땅을 돌아다니는 작은 소떼의 패티로 만든 영양분이 풍부한 퇴비이다. 이들의 노력으로 협력 유기농 인증을 획득해 자사 제품이 더 나은 가격에 팔릴 수 있게 됐다.

"우리는 완전히 모든 팟을 사용합니다."라고 비센타는 고전적인 초콜릿 바 외에도 초콜릿 토피, 카카오 버터 립 글로스, 핸드 로션과 같은 제품을 만든다고 덧붙였다. 모두 비센타의 목조 농가 안에 있는 부엌에서 만들어졌으며, 현재 그룹이 짓고 있는 적절한 작업 공간이 완성될 때까지 기다리고 있다.

약간의 재정적 안정 외에도, 협동조합은 회원들에게 새로운 권한 부여 의식을 주고 있다. 몇 년 전 협동조합에 가입한 35세의 코스타리카인 Dara Argüello는 여성들이 모든 일을 할 뿐만 아니라 모든 결정을 내리는 그룹에 속해 있는 것이 그들의 자존감을 극적으로 향상시켰다고 말했다.

다라는 "협동조합에 가입하는 것은 우리 중 많은 사람들에게 성공하고 지도자가 될 수 있는 기술을 가지고 있다는 것을 보여주었습니다."라고 덧붙였습니다. "또한 그것은 다른 삶의 방식이 있다는 것을 보여주었습니다. 우리는 모두 서로를 도왔습니다." 그 그룹은 또한 그들이 함께 있을 때 더 강하다는 것을 배웠다. 그들은 망명 신청 회원들이 서류를 갱신하기 위해 정기적으로 지불해야 하는 비용을 돕기 위해 협력했다고 다라는 말했다.

이 단체는 또한 폭력 예방에서 리더십에 이르는 모든 것에 대한 워크숍에 참석하기 위해 함께 모인다. 카카오티카의 회원들이 코스타리카 전역의 시장에서 제품을 판매하기 시작한 것은 유엔난민기구(UNHCR)의 파트너인 Fundación Mujer가 운영하는 신생 기업가를 위한 워크숍에 참가한 후였다.

그들의 노력은 이제 막 성과를 거두기 시작했고, 여성들은 COVID-19 팬데믹이 닥쳤을 때 적지만 정기적인 수입을 집으로 가져오기 시작하고 있었다. 봉쇄로 인해 시장은 폐쇄되었고, 이로 인해 그룹의 구성원들이 비센타의 농장에 도착하는 것은 거의 불가능해졌다. 비센타는 "대유행은 매우, 매우 어려웠다"고 회상했다. "우리는 대부분의 제품을 잃었고 심지어 그들이 이 상황에 너무 낙담했기 때문에 탈퇴한 몇몇 회원들을 잃었습니다. 우리는 근본적으로 처음부터 다시 시작해야 했습니다."

처음에, 그들은 봉쇄로 인한 하우스 플랜트 수요 급증에 대응하여 카카오 묘목을 판매하면서 그들의 사업 모델을 조정함으로써 대응했다. 그러나 규제 완화 이후, 그들은 천천히 그러나 확실히 초콜릿 바와 미용 제품의 재고를 재건했고, 그들은 현재 코스타리카와 그 너머의 고급 호텔에 배치하는 것을 목표로 하고 있다. 공동체에 있는 동료들에게 비센타는 "그들이 정말 나를 도와줬다"며 "사실, 나는 우리 모두가 서로를 도왔다고 생각한다"고 말했다.

코스타리카와 망명을 원하는 여성들이 카카오 농장 사례는 코칭리더십의 "방향제시", "개발", "수행평가", "관계" 라는 하위요소를 너무나 잘 보여주고 있다.

방향제시는 구성원들이 구체적인 목표를 스스로 설정해 나갈 수 있도록 리더가 도와주는 과정을 의미한다. 코칭리더십은 구성원들의 과제나 업무가 어떤 목표 혹은 목적을 향하여 나아갈 수 있도록 방향을 제시하는 리더십을 의미한다.

코칭리더십에서 이러한 방향제시가 중요한 이유는 구성원들이 성과를 내도록 영향력을 끼치는 과정에서 목표를 설정하는 것이 출발점이 되기 때문이다. 또한 이러한 방향제시는 구성원들의 개인적인 비전 혹은 업무와 연관된 조직의 비전과 연관되도록 하는 것이 효과적이다. 따라서 코칭리더십의 방향제시라는 하위요소는 성과지향적 혹은 과업지향적 특성을 가진다고 볼 수 있다.

니카라과 국경 근처에 있는 코스타리카 북부의 카카오 농장 주인인 73세의 비센타 곤살레스에게는 상황이 암울해 보였다. 그러나 협동조합에 가입하는 것은 우리가 성공할 수 있는 기술을 가지고 있다는 것을 보여주었다. 여성으로만 구성된 한 카카오 커뮤니티는 70대 창업주를 지원하고 니카라과의 망명 신청자들을 포함해 회원들에게 꼭 필요한 수입을 제공해 주었다.

이러한 코스타리카와 망명을 원하는 여성들이 카카오 농장 사례는 절대적인 경제적 필요가 있는 여성들에게 방향을 제시하는 코칭리더십의 "방향제시"라는 하위요소를 너무나 잘 보여주고 있다.

또한 개발은 구성원들에게 기회를 제공하여 학습할 수 있도록 도움으로써 스스로의 역량을 향상할 수 있도록 돕는 과정을 의미한다. 코칭리더십에서 가장 중요한 측면 중 하나는 구성원들의 지식, 기술, 역량, 태도 등을 향상할 수 있도록 돕는 과정인 개발이라는 하위요소이다.

이러한 지식, 기술, 역량, 태도 등의 향상은 성과를 향상시키는 것과 연결되어져야 한다. 이러한 측면에서 개발은 구성원을 육성하는 것과 연결되어진 개념이라고 볼 수 있다.

농장에서 무릎이 좋지 않은 빈센타는 어느 날 지역 NGO에서 운영하는 가정 폭력 예방 교육 과정에 혼자 참석할 때까지 앞으로 나아갈 길이 보이지 않았다. 그곳에서 그녀와 몇몇 다른 참가자들은 하나의 아이디어를 얻었다. 그들은 함께 뭉쳐서 농장을 가꾸고, 초콜릿과 카카오에서 파생된 기타 제품을 만들고 판매하고 있다.

약간의 재정적 안정 외에도, 협동조합은 회원들에게 새로운 권한 부여 의식을 주고 있다. 몇 년 전 협동조합에 가입한 35세의 코스타리카인 Dara Argüello는 여성들이 모든 일을 할 뿐만 아니라 모든 결정을 내리는 그룹에 속해 있는 것이 그들의 자존감을 극적으로 향상시켰다고 말했다.

이러한 코스타리카와 망명을 원하는 여성들이 카카오 농장 사례는 다양한 교육을 통한 여성들의 지식, 기술, 역량, 태도 등을 향상시키는 코칭리더십의 "개발"이라는 하위요소를 너무나 잘 보여주고 있다.

수행평가는 피드백을 통해서 구성원들에게 책임을 부여하여, 자발적으로 직무를 수행하도록 돕고, 그 결과를 공정하게 평가하는 과정을 의미한다. 코칭리더십의 또 다른 중요한 하위요소는 구성원들이 수행한 과제나 업무에 대해서 스스로 책임을 지도록 도우며, 그 결과를 공정하고 정확하게 평가하는 수행평가이다.

이러한 수행평가는 피드백을 수반한다. 구성원들이 과업을 수행하는 데 있어서 어느 정도의 단계에 위치해 있는지 혹은 그 과업의 수행 결과가 어디에 위치해 있는지를 피드백함으로써 구성원들을 성장시키는 데 수행평가의 목적이 있다.

이 단체는 또한 폭력 예방에서 리더십에 이르는 모든 것에 대한 워크숍에 참석하기 위해 함께 모인다. 카카오티카의 회원들이 코스타리카 전역의 시장에서 제품을 판매하기 시작한 것은 유엔난민기구(UNHCR)의 파트너인 Fundación Mujer가 운영하는 신생 기업가를 위한 워크숍에 참가한 후였다.

그들의 노력은 이제 막 성과를 거두기 시작했고, 여성들은 COVID-19 팬데믹이 닥쳤을 때 적지만 정기적인 수입을 집으로 가져오기 시작하고 있었다. 봉쇄로 인해 시장은 폐쇄되었고, 이로 인해 그룹의 구성원들이 비센타의 농장에 도착하는 것은 거의 불가능해졌다. 비센타는 "대유행은 매우, 매우 어려웠다"고 회상했다. "우리는 대부분의 제품을 잃었고 심지어 그들이 이 상황에 너무 낙담했기 때문에 탈퇴한 몇몇 회원들을 잃었습니다. 우리는 근본적으로 처음부터 다시 시작해야 했습니다."

처음에, 그들은 봉쇄로 인한 하우스 플랜트 수요 급증에 대응하여 카카오 묘목을 판매하면서 그들의 사업 모델을 조정함으로써 대응했다. 그러나 규제 완화 이후, 그들은 천천히 그러나 확실히 초콜릿 바와 미용 제품의 재고를 재건했고, 그들은 현재 코스타리카와 그 너머의 고급 호텔에 배치하는 것을 목표로 하고 있다. 공동체에 있는 동료들에게 비센타는 "그들이 정말 나를 도와줬다"며 "사실, 나는 우리 모두가 서로를 도왔다고 생각한다"고 말했다.

이러한 코스타리카와 망명을 원하는 여성들이 카카오 농장 사례는 코로나로 인하여 새롭게 처해진 어려운 상황에서 구성원들이 과업을 수행하는 데 있어서 어느 정도의 단계에 위치해 있는지 혹은 그 과업의 수행 결과가 어디에 위치해 있는지를 피드백함으로써 구성원들을 성장시키는 코칭리더십의 "수행평가"라는 하위요소를 너무나 잘 보여주고 있다.

또한 관계는 격려, 칭찬, 지지 등을 통해 구성원들과 신뢰에 기반한 수평적 관계를 형성하여 자발적으로 직무에 몰입할 수 있도록 돕는 과정을 의미한다. 코칭리더십은 구성원들과 상호 신뢰하는 인간관계를 맺는 것이 중요하다. 이 관계는 개방적인 특징을 가지고 있다.

조직 내에서 구성원들이 업무나 과제를 수행하는 과정에서 구성원들 상호 간의 관계가 성과에 영향을 미치기 때문에 무시할 수 없는 부분이다. 성과와 연관된 요인들 중 관계의 중요성이 점점 더 강조되고 있다. 따라서 구성원은 격려하고, 칭찬하며, 경청하고, 지지 함으로써 구성원들 간에 좋은 관계를 유지하는 것은 매우 중요하다. 이러한 관계는 대인관계지향적 특징을

가진다고 볼 수 있다.

함께 일하면서, 여성들은 나무를 돌보고, 병든 얼룩을 보여주는 콩을 잘라내고, 익은 노란색을 수확한다. 그들은 화학 비료와 살충제를 피하고 자연 대체제를 선호하는데, 예를 들어, 카카오 나무가 직접 흘린 콩껍질, 죽은 나무껍질, 잎뿐만 아니라 땅을 돌아다니는 작은 소떼의 패티로 만든 영양분이 풍부한 퇴비이다. 이들의 노력으로 협력 유기농 인증을 획득해 자사 제품이 더 나은 가격에 팔릴 수 있게 됐다.

처음에, 그들은 봉쇄로 인한 하우스 플랜트 수요 급증에 대응하여 카카오 묘목을 판매하면서 그들의 사업 모델을 조정함으로써 대응했다. 그러나 규제 완화 이후, 그들은 천천히 그러나 확실히 초콜릿 바와 미용 제품의 재고를 재건했고, 그들은 현재 코스타리카와 그 너머의 고급 호텔에 배치하는 것을 목표로 하고 있다. 공동체에 있는 동료들에게 비센타는 "그들이 정말 나를 도와줬다"며 "사실, 나는 우리 모두가 서로를 도왔다고 생각한다"고 말했다.

이러한 코스타리카와 망명을 원하는 여성들이 카카오 농장 사례는 여성들이 서로 격려하고, 칭찬하며, 경청하고, 지지 함으로써 구성원들 간에 좋은 관계를 유지하는 코칭리더십의 "관계"라는 하위요소를 너무나 잘 보여주고 있다.

정리하면, 코스타리카와 망명을 원하는 여성들이 카카오 농장 사례는 코칭리더십 관점에서 개인과 조직의 성과를 향상시키기 위해서 지속적인 대화를 통해 피드백을 주고 격려를 받게 하는 말과 행동의 과정으로, 조직의 리더가 구성원들과의 관계를 수평적으로 유지하며, 조직원들이 자신의 업무를 자발적으로 수행해 나가기 위해서 자신들의 숨겨진 잠재력을 극대화해 나가는 과정을 의미하며, 이러한 과정에서 구성원들 개개인의 특성을 이해하고 스스로 동기부여 할 수 있도록 도움으로써 조직의 당면과제를 해결하고, 성과를 내도록 영향력을 끼치는 코칭리더십을 발휘하고 있다.

용기와 치유의 이야기: 중앙 아메리카의 성별에 기반한 폭력에 대해 목소리를 높인다.

젠더 기반 폭력은 여성, 소녀들이 중앙 아메리카에서 그들의 집을 떠나게 하는 주요 요인 중 하나이다. 동시에, 그것은 그들이 안전을 찾기 위해 직면하는 주요 위험 중 하나이다. 중앙 아메리카의 수십만 가족과 젊은 여성과 남성들은 집을 떠나거나 죽거나 하는 불가능한 선택을 해야 했다.

안전을 찾기 위해 그들은 위험한 여행을 떠난다. 모든 다양성의 여성들과 소녀들에게, 성별에 근거한 폭력은 그들이 그들의 집을 떠나도록 강요받는 주요 이유들 중 하나이다. 엘살바도르, 온두라스, 과테말라는 라틴 아메리카에서 여성 살해율이 가장 높은 상위 5개국 중 하나이며, 세계에서 가장 높은 국가 중 하나이다.

이것은 이 지역에서 여성과 소녀에 대한 폭력의 가장 극단적인 표현이지만, 그것은 이 지역의 성별에 근거한 폭력의 한 가지 징후일 뿐이다 - 착취, 인신매매, 폭행 및 강간에 대한 노출을 포함할 수 있다. 불행하게도, 폭력은 또한 여성과 소녀들의 피난과 안전을 위한 여정 동안 계속되며 코로나19 범유행으로 인해 악화되었다.

이사벨의 이야기 (생존자의 신분을 보호하기 위해 이름이 변경되었다)

온두라스 여성이자 오빠에 의한 성적 학대를 피해에서 살아남은 이사벨은 "내가 가진 삶을 더 이상 계속하고 싶지 않았던 때가 왔다"고 말한다. "난 가기로 했어." 그녀가 아는 유일한 집을 떠난 이사벨은 가족의 집에서 비공식적인 정착지로 이사했다. 혼자 살면서 갱단의 남자들이 이사벨에게 성행위를 하도록 압력을 가하기 시작한 것은 그리 오래되지 않았다.

그 갱단의 돈과 편안한 삶에 대한 약속에도 불구하고, 그녀는 거절했다. 몇 번이나 거절한 후 이사벨은 세들어 살고 있는 방에 나타난 한 남자와 마주쳤다. 술에 취해 총으로 무장한 그는 무리하게 안으로 들어갔고, 그의 친구들은 밖에서 기다리고 있었다.

"가장 안 좋았던 것은 아무것도 할 수 없었다는 것입니다. 내 힘은 그의 힘에 필적할 수 없었습니다"고 이사벨은 말한다. "그는 그날 밤을 생지옥으로 만들었습니다. 그는 나에게 그가 원하는 모든 것을 했습니다." 그는 또한 이사벨이 성관계를 거부하면 계속해서 폭행하겠다고 위협했다.

목숨이 걱정되어, 그녀는 친구에게 돈을 빌리고 온두라스 북부에서 버스로 40시간 걸리는 멕시코 시티로 도망쳤다. "모든 것이 무너지는 것 같은 밤도 있어요. 전부다. 나는 어떤 조치를 취해야 할지 모르겠어요. 내가 어떻게 내 길을 찾을 수 있을까요?"라며 그녀는 그때를 회상했다.

유엔난민기구 UNHCR에 따르면 이사벨은 치명적인 갱단의 폭력이 급증하는 것을 피하기 위해 중앙아메리카에서 도망치는 여성들의 수가 증가하고 있는 것 중 하나이며, 이는 아메리카에서 강제 이주를 증가시키는 데 기여하고 있다. 혼자 멕시코에 있는 이사벨은 망명 신청자들과 이민자들을 위한 보호소로 가는 길을 찾았고, 그곳에서 그녀는 4월부터 머물렀다.

이제, 23세의 이사벨은 그녀의 삶이 다시 정상 궤도에 오른 것처럼 느낀다. 그녀는 학교로 돌아와 고등학교 졸업장을 받기 위해 노력하고 있다. 그녀는 또한 그녀가 경험한 어린 시절의 성적 학대에 대처하는 방법을 배우면서 처음으로 치료를 받고 있다.

"저는 제 자신이 자랑스럽습니다. 왜냐하면 제가 [안전하고 건강한] 이 곳에 있을 수 있을 것이라고 상상하지 못했기 때문입니다. 하지만 그것은 제가 받아온 치료와 저를 지지하고 응원해 주는 여기 있는 사람들 덕분입니다."

이사벨은 폭력에서 살아남은 젊은 여성들을 지원하기 위해 심리학자가 되는 것을 꿈꾼다. 하지만 그녀는 여전히 폭력과 학대로 인한 트라우마를 겪고 있다고 말한다. "그들은 나에게 이 도시가 매우 위험하다고 말합니다, 특히 나 혼자 있기 때문에. 그래서 밖에 나갈 때, 저는 훨씬 더 무서워집니다," 라고 이사벨이 말한다.

캐롤라이나 이야기

카롤리나 에스코바르 사티는 인신매매와 다른 형태의 폭력의 생존자들을 위한 예방, 보호, 그리고 법률 서비스를 제공하는 비영리 단체인 라 알리안자의 국가 이사이다. 이 기구는 과테말라 코아테페크의 취약계층을 보호하기 위해 UNHCR과 협력했다.

멕시코와의 국경도시에서 그들은 인신매매의 생존자들, 특히 어린이들을 본국으로 송환하기 위해 일하고 있다. 인신매매뿐만 아니라, 어린이들은 특히 성폭력에 취약하다. 과테말라의 임신 건강 관측소 네트워크에 따르면, 2020년 과테말라에서는 11만 4천 명의 어린이 또는 10대 임신 사례가 기록되었다.

그 임신들 중 30%는 소녀들이 아버지로부터 성적 학대를 받은 결과다. "이것은 일반적으로 세대를 초월한 문제입니다. 왜냐하면 우리에게는 같은 남성에게 오랫동안 같은 공간에서 학대를 당한 할머니, 어머니, 딸, 손녀가 있기 때문입니다."

코로나바이러스 팬데믹 기간 동안 캐롤라이나와 같은 옹호자들은 가정과 성별에 기반한 폭력의 급증에 대해 특히 우려했다. 현재 지원을 요청하는 생존자들로 넘쳐나는 그녀의 조직은 봉쇄 기간 동안 성적 학대를 당했고 현재 임신 중인 10살 정도의 소녀들과 마주쳤다.

그들은 또한 전염병 기간 동안 파트너에 의해 살해된 여성들의 죽음을 기록했다. 능력이 있는 다른 사람들은 목숨을 걸고 도망치고, 피난 중에 불균형적으로 높은 비율의 빈곤, 폭력, 인신매매 및 착취 위험을 감수한다. "그 여행은 그들에게 [체류]하는 것보다 덜 취약해 보입니다."

[용기와 치유의 이야기: 중앙 아메리카의 성별에 기반한 폭력에 대해 목소리를 높인다] 사례는 "방향제시", "개발", "수행평가", "관계"라는 코칭리더십의 하위요소를 잘 보여주고 있습니다.

방향제시는 구성원들이 구체적인 목표를 스스로 설정해 나갈 수 있도록 리더가 도와주는 과정을 의미한다. 코

칭리더십은 구성원들의 과제나 업무가 어떤 목표 혹은 목적을 향하여 나아갈 수 있도록 방향을 제시하는 리더십을 의미한다.

코칭리더십에서 이러한 방향제시가 중요한 이유는 구성원들이 성과를 내도록 영향력을 끼치는 과정에서 목표를 설정하는 것이 출발점이 되기 때문이다. 또한 이러한 방향제시는 구성원들의 개인적인 비전 혹은 업무와 연관된 조직의 비전과 연관되도록 하는 것이 효과적이다. 따라서 코칭리더십의 방향제시라는 하위요소는 성과지향적 혹은 과업지향적 특성을 가진다고 볼 수 있다.

"안전을 찾기 위해 그들은 위험한 여행을 떠난다. 모든 다양성의 여성들과 소녀들에게, 성별에 근거한 폭력은 그들이 그들의 집을 떠나도록 강요받는 주요 이유들 중 하나이다. 엘살바도르, 온두라스, 과테말라는 라틴아메리카에서 여성 살해율이 가장 높은 상위 5개국 중 하나이며, 세계에서 가장 높은 국가 중 하나이다."

이러한 [용기와 치유의 이야기: 중앙 아메리카의 성별에 기반한 폭력에 대해 목소리를 높인다] 사례는 "안전을 찾기 위해 그들은 위험한 여행을 떠난다. 모든 다양성의 여성들과 소녀들에게, 성별에 근거한 폭력은 그들이 그들의 집을 떠나도록 강요받는 주요 이유들 중 하나다"라는 중앙 아메리카 성별에 기반한 폭력에 대처하는 방향을 제시하는 "방향제시"라는 코칭리더십의 하위요소를 잘 보여주고 있다.

또한 개발은 구성원들에게 기회를 제공하여 학습할 수 있도록 도움으로써 스스로의 역량을 향상할 수 있도록 돕는 과정을 의미한다. 코칭리더십에서 가장 중요한 측면 중 하나는 구성원들의 지식, 기술, 역량, 태도 등을 향상할 수 있도록 돕는 과정인 개발이라는 하위요소이다.

이러한 지식, 기술, 역량, 태도 등의 향상은 성과를 향상시키는 것과 연결되어져야 한다. 이러한 측면에서 개발은 구성원을 육성하는 것과 연결되어진 개념이라고 볼 수 있다.

"저는 제 자신이 자랑스럽습니다. 왜냐하면 제가 [안전하고 건강한] 이 곳에 있을 수 있을 것이라고 상상하지 못했기 때문입니다. 하지만 그것은 제가 받아온 치료와 저를 지지하고 응원해 주는 여기 있는 사람들 덕분입니다."

이사벨은 폭력에서 살아남은 젊은 여성들을 지원하기 위해 심리학자가 되는 것을 꿈꾼다. 하지만 그녀는 여전히 폭력과 학대로 인한 트라우마를 겪고 있다고 말한다. "그들은 나에게 이 도시가 매우 위험하다고 말합니다, 특히 나 혼자 있기 때문에. 그래서 밖에 나갈 때, 저는 훨씬 더 무서워집니다," 라고 이사벨이 말한다.

이러한 [용기와 치유의 이야기: 중앙 아메리카의 성별에 기반한 폭력에 대해 목소리를 높인다] 이사벨 사례는 이사벨을 역경을 통해서 지식, 기술, 역량, 태도 등의 향상은 성과를 향상시키는 "개발"이라는 코칭리더십의 하위요소를 잘 보여주고 있다.

더 나아가 수행평가는 피드백을 통해서 구성원들에게 책임을 부여하여, 자발적으로 직무를 수행하도록 돕고, 그 결과를 공정하게 평가하는 과정을 의미한다. 코칭리더십의 또 다른 중요한 하위요소는 구성원들이 수행한 과제나 업무에 대해서 스스로 책임을 지도록 도우며, 그 결과를 공정하고 정확하게 평가하는 수행평가이다.

이러한 수행평가는 피드백을 수반한다. 구성원들이 과업을 수행하는 데 있어서 어느 정도의 단계에 위치해 있는지 혹은 그 과업의 수행 결과가 어디에 위치해 있는지를 피드백함으로써 구성원들을 성장시키는 데 수행평가의 목적이 있다.

유엔난민기구 UNHCR에 따르면 이사벨은 치명적인 갱단의 폭력이 급증하는 것을 피하기 위해 중앙아메리카에서 도망치는 여성들의 수가 증가하고 있는 것 중 하나이며, 이는 아메리카에서 강제 이주를 증가시키는 데 기여하고 있다. 혼자 멕시코에 있는 이사벨은 망명 신청자들과 이민자들을 위한 보호소로 가는 길을 찾았고, 그곳에서 그녀는 4월부터 머물렀다.

이제, 23세의 이사벨은 그녀의 삶이 다시 정상 궤도에 오른 것처럼 느낀다. 그녀는 학교로 돌아와 고등학교 졸업장을 받기 위해 노력하고 있다. 그녀는 또한 그녀가 경험한 어린 시절의 성적 학대에 대처하는 방법을 배우면서 처음으로 치료를 받고 있다.

이러한 [용기와 치유의 이야기: 중앙 아메리카의 성별에 기반한 폭력에 대해 목소리를 높인다] 사례는 구성원들이 과업을 수행하는 데 있어서 어느 정도의 단계에 위치해 있는지 혹은 그 과업의 수행 결과가 어디에 위치해 있는지를 피드백함으로써 구성원들을 성장시키는 "수행평가"라는 코칭리더십의 하위요소를 잘 보여주고 있다.

마지막으로 관계는 격려, 칭찬, 지지 등을 통해 구성원들과 신뢰에 기반한 수평적 관계를 형성하여 자발적으로 직무에 몰입할 수 있도록 돕는 과정을 의미한다. 코칭리더십은 구성원들과 상호 신뢰하는 인간관계를 맺는 것이 중요하다. 이 관계는 개방적인 특징을 가지고 있다.

조직 내에서 구성원들이 업무나 과제를 수행하는 과정에서 구성원들 상호 간의 관계가 성과에 영향을 미치기 때문에 무시할 수 없는 부분이다. 성과와 연관된 요인들 중 관계의 중요성이 점점 더 강조되고 있다. 따라서 구성원은 격려하고, 칭찬하며, 경청하고, 지지 함으로써 구성원들 간에 좋은 관계를 유지하는 것은 매우 중요하다. 이러한 관계는 대인관계지향적 특징을 가진다고 볼 수 있다.

카롤리나 에스코바르 사티는 인신매매와 다른 형태의 폭력의 생존자들을 위한 예방, 보호, 그리고 법률 서비스를 제공하는 비영리 단체인 라 알리안자의 국가 이사이다. 이 기구는 과테말라 코아테페크의 취약계층을 보호하기 위해 UNHCR과 협력했다.

멕시코와의 국경도시에서 그들은 인신매매의 생존자들, 특히 어린이들을 본국으로 송환하기 위해 일하고 있다. 인신매매뿐만 아니라, 어린이들은 특히 성폭력에 취약하다. 과테말라의 임신 건강 관측소 네트워크에 따르면, 2020년 과테말라에서는 11만 4천 명의 어린이 또는 10대 임신 사례가 기록되었다.

이러한 [용기와 치유의 이야기: 중앙 아메리카의 성별에 기반한 폭력에 대해 목소리를 높인다] 사례는 구성원들과 신뢰에 기반한 수평적 관계를 형성하여 자발적으로 몰입할 수 있도록 돕는 "관계"라는 코칭리더십의 하위요소를 잘 보여주고 있다. 구성원들 상호 간의 관계가 성과에 영향을 미치기 때문에 이 "관계"는 매우 중요하다.

정리하면, [용기와 치유의 이야기: 중앙 아메리카의 성별에 기반한 폭력에 대해 목소리를 높인다] 사례는 코칭리더십 관점에서 개인과 조직의 성과를 향상시키기 위해서 지속적인 대화를 통해 피드백을 주고 격려를 받게 하는 말과 행동의 과정으로, 조직의 리더가 구성원들과의 관계를 수평적으로 유지하며, 조직원들이 자신의 업무를 자발적으로 수행해 나가기 위해서 자신들의 숨겨진 잠재력을 극대화해 나가는 과정을 의미하며, 이러한 과정에서 구성원들 개개인의 특성을 이해하고 스스로 동기부여 할 수 있도록 도움으로써 조직의 당면과제를 해결하고, 성과를 내도록 영향력을 끼치는 코칭리더십을 발휘하고 있다.

새로운 아르헨티나 영화는 성 폭력에 대한 논쟁을 촉진한다.

국제노동기구(ILO)와 유엔여성기구(UN Women)가 유엔 의제의 두 가지 핵심 쟁점을 탐구하는 아르헨티나 감독 세바스티안 쉰델의 신작 '구속하는 범죄'의 세계 초연을 후원하고 있다. 부에노스아이레스 국제노동기구(ILO)와 유엔 여성의 지원으로, 새로운 아르헨티나 영화는 일과 가정 영역의 성폭력에 대해 심도 있게 살펴볼 수 있다.

아르헨티나 영화감독 세바스찬 쉰델(더 보스: 범죄의 해부학)이 각본을 쓰고 연출한 '구속하는 범죄'는 넷플릭스 구독자 1억 9000만명 이상을 대상으로 방송되었고, 30개 언어로 자막과 더빙이 제공되었다.

이 영화는 한 가족과 그 가정 고용인을 둘러싼 성 폭력에 대한 두 가지 상호 연관된 이야기를 다루며, 사법 절차의 다양한 사례에 대한 자세한 관찰을 한다. 아르헨티나 ILO 컨트리 오피스와 유엔 여성의 전문가들, 시민 사회 단체들

은 특히 대본 개발과 관련하여 영화의 사전 제작에 적극적
으로 참여하였다.

ILO 스포트라이트 이니셔티브 프로젝트 책임자인 하비에르
치치아로는 "이 영화는 협약 190과 권고안 206에서 다루는
다양한 차원을 보여준다"고 말했다. 유엔과 유럽 연합이 주
도하는 이 프로젝트는 여성과 소녀에 대한 폭력, 특히 여성
살해를 근절하는 데 기여하는 것을 목표로 한다.

치치아로는 2019년 6월 제108차 국제노동자회의에서 노동
계의 폭력과 괴롭힘에 관한 협약 190과 권고안 206을 승
인했다고 회상했다. 아르헨티나는 이미 피지와 우루과이가
비준한 이 표준의 비준 과정을 향해 상당한 진전을 이루었
다. 그 결과, 협약 190은 2021년에 발효되었다.

치치아로에 따르면, 쉰델의 새로운 연구는 "ILO의 글로벌
의제를 위한 매우 중요한 두 가지 이슈의 교차점에서 성별
관점을 우선시하기 위해 필요한 토론을 추진한다"고 말했다.
결국, 이 관계자는 이 영화가 "패권적 남성성과 그들의 인
간관계에 대한 부정적인 영향을 반성하기 위한 초대이기도

하다"고 생각했다.

루시아 마르텔로트 유엔 아르헨티나 여성 프로그램 코디네이터는 "이 영화의 구성을 통해 성별에 따른 폭력의 복잡성과 다차원적 성격을 엿볼 수 있다"고 말했다. 마르텔로트는 "폭력을 가시화할 때뿐만 아니라 폭력을 다루는 공공 정책을 생각할 때 교차성을 고려하는 것이 필수적이다."라고 언급했다.

유엔 여성은 양성평등을 강화하고 국가적 의제에 대한 여성의 권한을 증진시키는 것을 목표로 한다. 아르헨티나에서, 그 기관은 스포트라이트 이니셔티브에 참여하고 여성들과 소녀들에 대한 폭력을 예방하고 근절하는 것을 돕기 위해 다양한 분야에서 일하고 있다.

유엔 여성은 또한 "Win-Win, 양성평등은 좋은 사업을 의미한다"라는 프로젝트를 통해 여성의 경제적 권한을 촉진하는 프로그램에 참여하며, "한 번의 승리가 다른 승리로 이어진다"라는 이니셔티브를 가지고 있다. 스릴러 영화 '구속하는 범죄'는 실제 사건에서 영감을 받았고 미겔 앙헬 솔라,

소피아 갈라 카스틸리오네, 벤자민 아마데오와 함께 세실리아 로스가 주연을 맡았다.

[새로운 아르헨티나 영화는 성 폭력에 대한 논쟁을 촉진한다] 사례는 코칭리더십의 "방향제시", "개발", "수행평가", "관계"라는 하위요소를 너무나 잘 보여주고 있다.

방향제시는 구성원들이 구체적인 목표를 스스로 설정해 나갈 수 있도록 리더가 도와주는 과정을 의미한다. 코칭리더십은 구성원들의 과제나 업무가 어떤 목표 혹은 목적을 향하여 나아갈 수 있도록 방향을 제시하는 리더십을 의미한다.

코칭리더십에서 이러한 방향제시가 중요한 이유는 구성원들이 성과를 내도록 영향력을 끼치는 과정에서 목표를 설정하는 것이 출발점이 되기 때문이다. 또한 이러한 방향제시는 구성원들의 개인적인 비전 혹은 업무와 연관된 조직의 비전과 연관되도록 하는 것이 효과적이다. 따라서 코칭리더십의 방향제시라는 하위요소는

성과지향적 혹은 과업지향적 특성을 가진다고 볼 수 있다.

국제노동기구(ILO)와 유엔여성기구(UN Women)가 유엔 의제의 두 가지 핵심 쟁점을 탐구하는 아르헨티나 감독 세바스티안 쉰델의 신작 '구속하는 범죄'의 세계 초연을 후원하고 있다. 부에노스아이레스 국제노동기구(ILO)와 유엔 여성의 지원으로, 새로운 아르헨티나 영화는 일과 가정 영역의 성폭력에 대해 심도 있게 살펴볼 수 있다.

아르헨티나 영화감독 세바스찬 쉰델(더 보스: 범죄의 해부학)이 각본을 쓰고 연출한 '구속하는 범죄'는 넷플릭스 구독자 1억 9000만명 이상을 대상으로 방송되었고, 30개 언어로 자막과 더빙이 제공되었다.

유엔 여성은 양성평등을 강화하고 국가적 의제에 대한 여성의 권한을 증진시키는 것을 목표로 한다. 아르헨티나에서, 그 기관은 스포트라이트 이니셔티브에 참여하고 여성들과 소녀들에 대한 폭력을 예방하고 근절하는 것을 돕기 위해 다양한 분야에서 일하고 있다.

이러한 [새로운 아르헨티나 영화는 성 폭력에 대한 논쟁을 촉진한다] 사례는 영화 '구속하는 범죄'를 후원함으로써 넷플릭스를 통해 전세계 구독자들에게 '일과 가정 영역의 성폭력'이라는 주제에 대한 방향을 제시함으로써 코칭리더십의 "방향제시"라는 하위요소를 보여주고 있다.

특히 유엔 여성은 양성평등을 강화하고 국가적 의제에 대한 여성의 권한을 증진시키는 것을 목표를 향하여 일치된 방향을 제시함으로 코칭리더십의 "방향제시"라는 하위요소를 잘 보여주고 있다.

또한 개발은 구성원들에게 기회를 제공하여 학습할 수 있도록 도움으로써 스스로의 역량을 향상할 수 있도록 돕는 과정을 의미한다. 코칭리더십에서 가장 중요한 측면 중 하나는 구성원들의 지식, 기술, 역량, 태도 등을 향상할 수 있도록 돕는 과정인 개발이라는 하위요소이다.

이러한 지식, 기술, 역량, 태도 등의 향상은 성과를 향상시
키는 것과 연결되어져야 한다. 이러한 측면에서 개발
은 구성원을 육성하는 것과 연결되어진 개념이라고
볼 수 있다.

이 영화는 한 가족과 그 가정 고용인을 둘러싼 성 폭력에
대한 두 가지 상호 연관된 이야기를 다루며, 사법 절
차의 다양한 사례에 대한 자세한 관찰을 한다. 아르
헨티나 ILO 컨트리 오피스와 유엔 여성의 전문가들,
시민 사회 단체들은 특히 대본 개발과 관련하여 영화
의 사전 제작에 적극적으로 참여하였다.

ILO 스포트라이트 이니셔티브 프로젝트 책임자인 하비에르
치치아로는 "이 영화는 협약 190과 권고안 206에서
다루는 다양한 차원을 보여준다"고 말했다. 유엔과 유
럽 연합이 주도하는 이 프로젝트는 여성과 소녀에 대
한 폭력, 특히 여성 살해를 근절하는 데 기여하는 것
을 목표로 한다.

이러한 [새로운 아르헨티나 영화는 성 폭력에 대한 논쟁을 촉진한다] 사례는 영화를 통해 성 폭력과 관련된 법률적인 내용들을 전달함으로써 시청자들의 지식, 기술, 역량, 태도 등을 향상시키는 코칭리더십의 "개발"이라는 하위요소를 너무나 잘 보여주고 있다.

더 나아가 수행평가는 피드백을 통해서 구성원들에게 책임을 부여하여, 자발적으로 직무를 수행하도록 돕고, 그 결과를 공정하게 평가하는 과정을 의미한다. 코칭리더십의 또 다른 중요한 하위요소는 구성원들이 수행한 과제나 업무에 대해서 스스로 책임을 지도록 도우며, 그 결과를 공정하고 정확하게 평가하는 수행평가이다.

이러한 수행평가는 피드백을 수반한다. 구성원들이 과업을 수행하는 데 있어서 어느 정도의 단계에 위치해 있는지 혹은 그 과업의 수행 결과가 어디에 위치해 있는지를 피드백함으로써 구성원들을 성장시키는 데 수행평가의 목적이 있다.

치치아로에 따르면, 쉰델의 새로운 연구는 "ILO의 글로벌 의제를 위한 매우 중요한 두 가지 이슈의 교차점에서 성별 관점을 우선시하기 위해 필요한 토론을 추진한다"고 말했다. 결국, 이 관계자는 이 영화가 "패권적 남성성과 그들의 인간관계에 대한 부정적인 영향을 반성하기 위한 초대이기도 하다"고 생각했다.

루시아 마르텔로트 유엔 아르헨티나 여성 프로그램 코디네이터는 "이 영화의 구성을 통해 성별에 따른 폭력의 복잡성과 다차원적 성격을 엿볼 수 있다"고 말했다. 마르텔로트는 "폭력을 가시화할 때뿐만 아니라 폭력을 다루는 공공 정책을 생각할 때 교차성을 고려하는 것이 필수적이다."라고 언급했다.

이러한 [새로운 아르헨티나 영화는 성 폭력에 대한 논쟁을 촉진한다] 사례는 치치아로와 루시아의 발언에서 언급하였듯이 시청자들이 성 폭력과 관련된 SDG 5의 과업을 수행하는 데 있어서 어느 정도의 단계에 위치해 있는지 혹은 그 과업의 수행 결과가 어디에 위치해 있는지를 피드백함으로써 구성원들을 성장시키는 코칭리더십의 "수행평가"라는 하위요소를 보여주고 있다.

또한 관계는 격려, 칭찬, 지지 등을 통해 구성원들과 신뢰에 기반한 수평적 관계를 형성하여 자발적으로 직무에 몰입할 수 있도록 돕는 과정을 의미한다. 코칭리더십은 구성원들과 상호 신뢰하는 인간관계를 맺는것이 중요하다. 이 관계는 개방적인 특징을 가지고있다.

조직 내에서 구성원들이 업무나 과제를 수행하는 과정에서구성원들 상호 간의 관계가 성과에 영향을 미치기 때문에 무시할 수 없는 부분이다. 성과와 연관된 요인들 중 관계의 중요성이 점점 더 강조되고 있다. 따라서 구성원은 격려하고, 칭찬하며, 경청하고, 지지 함으로써 구성원들 간에 좋은 관계를 유지하는 것은 매우 중요하다. 이러한 관계는 대인관계지향적 특징을가진다고 볼 수 있다.

유엔 여성은 양성평등을 강화하고 국가적 의제에 대한 여성의 권한을 증진시키는 것을 목표로 한다. 아르헨티나에서, 그 기관은 스포트라이트 이니셔티브에 참여하고 여성들과 소녀들에 대한 폭력을 예방하고 근절하는 것을 돕기 위해 다양한 분야에서 일하고 있다.

유엔 여성은 또한 "Win-Win, 양성평등은 좋은 사업을 의미한다"라는 프로젝트를 통해 여성의 경제적 권한을 촉진하는 프로그램에 참여하며, "한 번의 승리가 다른 승리로 이어진다"라는 이니셔티브를 가지고 있다. 스릴러 영화 '구속하는 범죄'는 실제 사건에서 영감을 받았고 미겔 앙헬 솔라, 소피아 갈라 카스틸리오네, 벤자민 아마데오와 함께 세실리아 로스가 주연을 맡았다.

이러한 [새로운 아르헨티나 영화는 성 폭력에 대한 논쟁을 촉진한다] 사례는 유엔 여성을 비롯하여 다양한 이니셔티브와 영화까지 다양한 기관의 다양한 구성원들이 서로 격려하고, 칭찬하며, 경청하고, 지지함으로써 구성원들 간에 좋은 관계를 유지하는 코칭리더십의 "관계"라는 하위요소를 보여주고 있다.

정리하면, [새로운 아르헨티나 영화는 성 폭력에 대한 논쟁을 촉진한다] 사례는 코칭리더십 관점에서 개인과 조직의 성과를 향상시키기 위해서 지속적인 대화를 통해 피드백을 주고 격려를 받게 하는 말과 행동의 과정으로, 조직의 리더가 구성원들과의 관계를 수평적으로 유지하며, 조직원들이 자신의 업무를 자발적으로 수행해 나가기 위해서 자신들의 숨겨진 잠재력을 극대화해 나가는 과정을 의미하며, 이러한 과정에서 구성원들 개개인의 특성을 이해하고 스스로 동기부여 할 수 있도록 도움으로써 조직의 당면과제를 해결하고, 성과를 내도록 영향력을 끼치는 코칭리더십을 발휘하고 있다.

2) 다양한 기업 사례들

(1) 필립 모리스 인터네셔널(PMI)

필립 모리스 인터내셔널(PMI)은 82,000명의 다양한 노동력에서 여성과 소녀들에게 힘을 실어주고 기회를 제공하기 위해 노력하고 있다. 예를 들어, 뉴욕에 본사를 둔 미국 기업 PMI는 PMI가 운영 센터를 가진 스위스에 있는 첫 번째 다국적 기업으로서 균등한 급여(Equal Salary) 지위를 부여받았다.

균등한 급여(Equal Salary)는 노동시장 이슈 전문기관인 제네바대학 고용관측소와 협업해 운영하는 단체다. 이 단체는 여성과 남성에게 동등한 보상에 대한 인증을 제공한다. PMI는 공인된 균등한 급여 지위를 다른 지역으로 확대하기 위해 노력하고 있다.

PMI는 모든 고용 관련 결정에 대해 성과에 기반한 접근법을 취하며 연령, 육아 책임, 장애, 민족, 성별, 성별 표현, 성적 지향, 종교, 임신 또는 기타 보호되는 개인 특성에 따라 기여하거나 발전할 수 있는 기회를 제한하지 않는다.

(2) GAP INC.

갭은 1969년 여성과 남성, 즉 도리스 피셔와 그녀의 남편 돈 사이의 동등한 투자로 설립되었다. 오늘날, 여성들은 회사 노동력의 약 73%를 차지한다. 5개 브랜드의 고객 대부분은 여성이다. 양성평등은 회사 문화와 일의 구조에 내재되어 있다.

2014년, 갭은 포춘지 선정 500대 기업 중 최초로 직원들에게 동일한 임금을 지급한다고 발표했다. 게다가 2020년은 갭이 성별 보고의 투명성과 여성의 권리 증진에 대한 회사의 약속으로 3년 연속 블룸버그 양성평등 지수에 포함되었다.

갭의 P.A.C.E. 프로그램은 여성들이 직장과 가정에서 발전할 수 있는 기술과 자신감을 갖게 한다. 전 세계 의류 노동자의 80%가 여성임에도 불구하고 상대적으로 더 높은 직급으로 승진하는 사람은 거의 없다. 여성 의류 노동자들에게 생활 기술 수업을 제공하는 교육 프로그램으로 설계된 총체적 커리큘럼은 커뮤니케이션 기술, 재정적 리터러시, 시간 및 스트레스 관리, 문제 해결 및 의사 결정과 같은 9개 과목의 최대 80시간 수업을 포함한다.

갭은 2007년 P.A.C.E.를 시작한 이래 10개국 30,000명 이상의 여성이 이 프로그램에 참여했으며, 2015년 9월 GAP는 2020년까지 전 세계 100만 명의 여성에게 이 프로그램을 확대하겠다고 발표했다. P.A.C.E.의 평가 결과는 이 프로그램이 여성의 지식, 기술, 그리고 자신감을 발전시키고, 여성과 그 가족의 삶을 향상시킨다는 것을 보여주었다. 이 프로그램은 또한 이직과 결근을 줄임으로써 사업적 영향이 크다.

GAP는 옷을 만드는 여성만을 대상으로 하던 프로그램을 주변 커뮤니티에 여성을 포함하도록 점차 확대하고 있으며, 청소년 소녀와 여성의 리더십에 초점을 맞춘 커리큘럼도 추가하고 있다. 또한, 이 프로그램은 그 범위와 영향력을 넓히기 위한 노력으로 현재 글로벌 파트너와 동료 기업에 제공되고 있다.

이와 같은 SDG 5 양성평등이라는 목표를 성취하기 위한 기업들의 사례들은 매우 고무적이다. 세부목표인 [5.1 모든 곳의 모든 여성과 소녀에 대한 모든 형태의 차별을 종식시킨다.]의 실현에 해당되는 사례는 필립 모리스와 갭 사례이다.

필립 모리스 인터네셔널 사례는 코칭리더십의 "방향제시"와 "수행평가"라는 하위요소를 잘 보여주고 있다.

방향제시는 구성원들이 구체적인 목표를 스스로 설정해 나갈 수 있도록 리더가 도와주는 과정을 의미한다. 코칭리더십은 구성원들의 과제나 업무가 어떤 목표 혹은 목적을 향하여 나아갈 수 있도록 방향을 제시하는 리더십을 의미한다.

코칭리더십에서 이러한 방향제시가 중요한 이유는 구성원들이 성과를 내도록 영향력을 끼치는 과정에서 목표를 설정하는 것이 출발점이 되기 때문이다. 또한 이러한 방향제시는 구성원들의 개인적인 비전 혹은 업무와 연관된 조직의 비전과 연관되도록 하는 것이 효과적이다. 따라서 코칭리더십의 방향제시라는 하위요소는 성과지향적 혹은 과업지향적 특성을 가진다고 볼 수 있다.

필립 모리스 인터내셔널(PMI)은 82,000명의 다양한 노동력에서 여성과 소녀들에게 힘을 실어주고 기회를 제공하기 위해 노력하고 있다. 예를 들어, 뉴욕에 본사를 둔 미국 기업 PMI는 PMI가 운영 센터를 가진 스위스에 있는 첫 번째 다국적 기업으로서 균등한 급여(Equal Salary) 지위를 부여받았다.

PMI는 모든 고용 관련 결정에 대해 성과에 기반한 접근법을 취하며 연령, 육아 책임, 장애, 민족, 성별, 성별 표현, 성적 지향, 종교, 임신 또는 기타 보호되는 개인 특성에 따라 기여하거나 발전할 수 있는 기회를 제한하지 않는다.

이러한 필립 모리스 인터네셔널 사례는 세부목표인 [5.1 모든 곳의 모든 여성과 소녀에 대한 모든 형태의 차별을 종식시킨다.]라는 목표에 부합한 방향을 제시함으로써 코칭리더십의 "방향제시"라는 하위요소를 보여주고 있다.

이러한 "방향제시"는 모든 고용 관련 결정에 대해 성과에 기반한 접근법을 취하며 연령, 육아 책임, 장애, 민족, 성별, 성별 표현, 성적 지향, 종교, 임신 또는 기타 보호되는 개인 특성에 따라 기여하거나 발전할 수 있는 기회를 제한하지 않는 것으로 구체화되어 실행되고 있다.

또한 수행평가는 피드백을 통해서 구성원들에게 책임을 부여하여, 자발적으로 직무를 수행하도록 돕고, 그 결과를 공정하게 평가하는 과정을 의미한다. 코칭리더십의 또 다른 중요한 하위요소는 구성원들이 수행한 과제나 업무에 대해서 스스로 책임을 지도록 도우며, 그 결과를 공정하고 정확하게 평가하는 수행평가이다.

이러한 수행평가는 피드백을 수반한다. 구성원들이 과업을 수행하는 데 있어서 어느 정도의 단계에 위치해 있는 지 혹은 그 과업의 수행 결과가 어디에 위치해 있는 지를 피드백함으로써 구성원들을 성장시키는 데 수행평가의 목적이 있다.

필립 모리스 인터내셔널(PMI)은 82,000명의 다양한 노동력에서 여성과 소녀들에게 힘을 실어주고 기회를 제공하기 위해 노력하고 있다. 예를 들어, 뉴욕에 본사를 둔 미국 기업 PMI는 PMI가 운영 센터를 가진 스위스에 있는 첫 번째 다국적 기업으로서 균등한 급여(Equal Salary) 지위를 부여받았다.

균등한 급여(Equal Salary)는 노동시장 이슈 전문기관인 제네바대학 고용관측소와 협업해 운영하는 단체다. 이 단체는 여성과 남성에게 동등한 보상에 대한 인증을 제공한다. PMI는 공인된 균등한 급여 지위를 다른 지역으로 확대하기 위해 노력하고 있다.

이러한 필립 모리스 인터네셔널 사례는 필립 모리스 인터네
셔널이 균등한 급여 지위를 받은 것과 그 지위를 다
른 지역으로 확대하기 위해서 노력하는 것을 통해 세
부목표 SDG 5.1의 과업을 수행하는 데 있어서 필립
모리스 인터네셔널이 어느 정도의 단계에 위치해 있
는지 혹은 그 과업의 수행 결과가 어디에 위치해 있
는지를 피드백함으로써 구성원들을 성장시키는 코칭
리더십의 "수행평가"라는 하위요소를 보여주고 있다.

또한 갭 사례는 코칭리더십의 "방향제시", "개발", "수행평
가", "관계"라는 하위요소를 잘 보여주고 있다.

방향제시는 구성원들이 구체적인 목표를 스스로 설정해 나
갈 수 있도록 리더가 도와주는 과정을 의미한다. 코
칭리더십은 구성원들의 과제나 업무가 어떤 목표 혹
은 목적을 향하여 나아갈 수 있도록 방향을 제시하는
리더십을 의미한다.

코칭리더십에서 이러한 방향제시가 중요한 이유는 구성원들
이 성과를 내도록 영향력을 끼치는 과정에서 목표를

설정하는 것이 출발점이 되기 때문이다. 또한 이러한 방향제시는 구성원들의 개인적인 비전 혹은 업무와 연관된 조직의 비전과 연관되도록 하는 것이 효과적이다. 따라서 코칭리더십의 방향제시라는 하위요소는 성과지향적 혹은 과업지향적 특성을 가진다고 볼 수 있다.

갭은 1969년 여성과 남성, 즉 도리스 피셔와 그녀의 남편 돈 사이의 동등한 투자로 설립되었다. 오늘날, 여성들은 회사 노동력의 약 73%를 차지한다. 5개 브랜드의 고객 대부분은 여성이다. 양성평등은 회사 문화와 일의 구조에 내재되어 있다.

이러한 갭 사례는 세부목표인 [5.1 모든 곳의 모든 여성과 소녀에 대한 모든 형태의 차별을 종식시킨다.]라는 목표에 부합한 방향을 제시함으로써 코칭리더십의 "방향제시"라는 하위요소를 보여주고 있다.

또한 개발은 구성원들에게 기회를 제공하여 학습할 수 있도록 도움으로써 스스로의 역량을 향상할 수 있도록 돕는 과정을 의미한다. 코칭리더십에서 가장 중요한 측면 중 하나는 구성원들의 지식, 기술, 역량, 태도 등을 향상할 수 있도록 돕는 과정인 개발이라는 하위요소이다.

이러한 지식, 기술, 역량, 태도 등의 향상은 성과를 향상시키는 것과 연결되어져야 한다. 이러한 측면에서 개발은 구성원을 육성하는 것과 연결되어진 개념이라고 볼 수 있다.

갭의 P.A.C.E. 프로그램은 여성들이 직장과 가정에서 발전할 수 있는 기술과 자신감을 갖게 한다. 전 세계 의류 노동자의 80%가 여성임에도 불구하고 상대적으로 더 높은 직급으로 승진하는 사람은 거의 없다. 여성 의류 노동자들에게 생활 기술 수업을 제공하는 교육 프로그램으로 설계된 총체적 커리큘럼은 커뮤니케이션 기술, 재정적 리터러시, 시간 및 스트레스 관리, 문제 해결 및 의사 결정과 같은 9개 과목의 최대 80시간 수업을 포함한다.

갭은 2007년 P.A.C.E.를 시작한 이래 10개국 30,000명 이상의 여성이 이 프로그램에 참여했으며, 2015년 9월 GAP는 2020년까지 전 세계 100만 명의 여성에게 이 프로그램을 확대하겠다고 발표했다. P.A.C.E.의 평가 결과는 이 프로그램이 여성의 지식, 기술, 그리고 자신감을 발전시키고, 여성과 그 가족의 삶을 향상시킨다는 것을 보여주었다. 이 프로그램은 또한 이직과 결근을 줄임으로써 사업적 영향이 크다.

GAP는 옷을 만드는 여성만을 대상으로 하던 프로그램을 주변 커뮤니티에 여성을 포함하도록 점차 확대하고 있으며, 청소년 소녀와 여성의 리더십에 초점을 맞춘 커리큘럼도 추가하고 있다. 또한, 이 프로그램은 그 범위와 영향력을 넓히기 위한 노력으로 현재 글로벌 파트너와 동료 기업에 제공되고 있다.

이러한 갭 사례는 갭의 P.A.C.E. 프로그램은 여성들이 직장과 가정에서 발전할 수 있는 기술과 자신감을 갖게 함으로써 여성들의 지식, 기술, 역량, 태도 등을 향상시키는 코칭리더십의 "개발"라는 하위요소를 너무나 잘 보여주고 있다.

특히 갭은 단지 옷을 만드는 여성만을 대상으로 하던 프로그램을 주변 커뮤니티 여성을 포함하도록 점차 확대하고 있으며, 청소년 소녀와 여성의 리더십에 초점을 맞춘 커리큘럼도 추가하고 있다. 이러한 갭의 노력들은 "개발"이라는 코칭리더십의 하위요소를 잘 나타내고 있다.

더 나아가 수행평가는 피드백을 통해서 구성원들에게 책임을 부여하여, 자발적으로 직무를 수행하도록 돕고, 그 결과를 공정하게 평가하는 과정을 의미한다. 코칭리더십의 또 다른 중요한 하위요소는 구성원들이 수행한 과제나 업무에 대해서 스스로 책임을 지도록 도우며, 그 결과를 공정하고 정확하게 평가하는 수행평가이다.

이러한 수행평가는 피드백을 수반한다. 구성원들이 과업을 수행하는 데 있어서 어느 정도의 단계에 위치해 있는지 혹은 그 과업의 수행 결과가 어디에 위치해 있는지를 피드백함으로써 구성원들을 성장시키는 데 수행평가의 목적이 있다.

2014년, 갭은 포춘지 선정 500대 기업 중 최초로 직원들에게 동일한 임금을 지급한다고 발표했다. 게다가 2020년은 갭이 성별 보고의 투명성과 여성의 권리 증진에 대한 회사의 약속으로 3년 연속 블룸버그 양성평등 지수에 포함되었다.

이러한 갭 사례는 3년 연속 블룸버그 양성평등 지수에 포함됨으로써 SDG 5.1 세부목표를 수행하는 데 있어서 어느 정도의 단계에 위치해 있는지 혹은 그 과업의 수행 결과가 어디에 위치해 있는지를 피드백함으로써 구성원들을 성장시키는 코칭리더십의 "수행평가"라는 하위요소를 보여주고 있다.

또한 관계는 격려, 칭찬, 지지 등을 통해 구성원들과 신뢰에 기반한 수평적 관계를 형성하여 자발적으로 직무에 몰입할 수 있도록 돕는 과정을 의미한다. 코칭리더십은 구성원들과 상호 신뢰하는 인간관계를 맺는 것이 중요하다. 이 관계는 개방적인 특징을 가지고 있다.

조직 내에서 구성원들이 업무나 과제를 수행하는 과정에서 구성원들 상호 간의 관계가 성과에 영향을 미치기 때문에 무시할 수 없는 부분이다. 성과와 연관된 요인들 중 관계의 중요성이 점점 더 강조되고 있다. 따라서 구성원은 격려하고, 칭찬하며, 경청하고, 지지 함으로써 구성원들 간에 좋은 관계를 유지하는 것은 매우 중요하다. 이러한 관계는 대인관계지향적 특징을 가진다고 볼 수 있다.

GAP은 옷을 만드는 여성만을 대상으로 하던 프로그램을 주변 커뮤니티에 여성을 포함하도록 점차 확대하고 있으며, 청소년 소녀와 여성의 리더십에 초점을 맞춘 커리큘럼도 추가하고 있다. 또한, 이 프로그램은 그 범위와 영향력을 넓히기 위한 노력으로 현재 글로벌 파트너와 동료 기업에 제공되고 있다.

이러한 갭 사례는 옷 만드는 여성으로부터 확대하여, 주변 커뮤니티 여성, 청소년 소녀와 여성 리더십의 초점을 맞춘 프로그램을 글로벌 파트너와 동료 기업에 제공함으로써 서로 격려하고, 칭찬하며, 경청하고, 지지함으로써 파트너들과 동료 기업 간에 좋은 관계를 유지하는 코칭리더십의 "관계"라는 하위요소를 보여주고 있다.

정리하면, 세부목표 [5.1 모든 곳의 모든 여성과 소녀에 대한 모든 형태의 차별을 종식시킨다.]의 실현에 해당되는 필립 모리스 인터네셔널과 갭 사례는 코칭리더십 관점에서 개인과 조직의 성과를 향상시키기 위해서 지속적인 대화를 통해 피드백을 주고 격려를 받게 하는 말과 행동의 과정으로, 조직의 리더가 구성원들과의 관계를 수평적으로 유지하며, 조직원들이 자신의 업무를 자발적으로 수행해 나가기 위해서 자신들의 숨겨진 잠재력을 극대화해 나가는 과정을 의미하며, 이러한 과정에서 구성원들 개개인의 특성을 이해하고 스스로 동기부여 할 수 있도록 도움으로써 조직의 당면과제를 해결하고, 성과를 내도록 영향력을 끼치는 코칭리더십을 발휘하고 있다.

(3) 시티 그룹

2017년에 씨티는 세계은행 그룹의 일원인 IFC가 신흥시장의 여성 소유 기업과 저소득 커뮤니티에 혜택을 주는 프로젝트를 위한 자금 조달을 확대하기 위해 3년 5억 달러 규모의 최초 사회적 채권을 발행하도록 도왔다. 채권 수익금의 일부는 여성이 자금 조달을 할 수 있도록 여성 기업가에게 대출을 제공하는 금융 기관을 지원하는 데 사용되었다.

IFC의 사회적 채권 프로그램은 2013년 이후 2억 6,800만 달러를 모금한 여성 은행 채권 프로그램과 2013년 이후 2억 9,600만 달러를 모금한 포용적 기업 채권 프로그램을 기반으로 한다.

또한, 다양성과 포용성에 대한 시티의 깊고 장기적인 약속을 확인하고 여성 소유 기업의 성장과 성공을 지원하기 위해 시티는 7명의 여성 소유 브로커-딜러를 고용하여 25억 달러 규모의 Citibank, N.A. 채권 발행을 주도했다. 이는 시티가 자본 시장과 경제의 다양성을 촉진하는 역할을 하고 있음을 보여준다.

(4) 노보자임

노보자임은 2020년까지 고위 관리직에 30%의 여성을 두는 장기적인 목표를 가지고 있다. 다양성 목표 달성의 중요성을 강조하기 위해, 다양성이 노보자임 채용의 핵심으로 유지되도록 하는 과정이 확립되었다.

또한 노보자임은 리더 간의 다양성을 더욱 촉진한다는 목표를 가지고 있으며 경영 및 승계 계획 프로세스를 위한 글로벌 인재풀을 통해 이러한 집중력을 지속적으로 높이고 있다. 덴마크에서, 노보자임은 더 많은 여성들을 지도적 역할로 끌어들이기 위해 15개 덴마크 기업의 최고 지도자들을 모으는 계획인 젠더 다양성 원탁회의의 회원이다.

(5) 코카콜라 컴퍼니

코카콜라는 2020년까지 전 세계 가치 사슬에서 500만 명의 여성의 경제적 권한을 가능하게 하겠다고 약속했다. 5

by 20이라고 불리는 이 계획은 2010년에 시작되었다. 2013년 말까지, 5x20은 전 세계 44개국에서 55만 명 이상의 여성의 경제적 권한을 가능하게 했다. 코카콜라는 기업, 정부, 시민 사회의 황금 삼각지대를 가로질러 이 중요한 분야에서 진전을 이루기 위해 독특한 전문성, 범위, 기술을 가져오기 위해 노력하고 있다.

(6) 월마트

월마트는 특히 소매 기회, 책임 있는 공급망 및 포괄적인 소싱을 통해 양성평등을 다루고 있다. 2025년까지 경력 성장을 개선하기 위한 기술을 갖추기 위해 수백만 명의 동료에게 집중적인 훈련 프로그램을 실시한다는 목표의 일환으로, 훈련받은 동료의 60%가 여성이었다.

게다가, 여성들이 월마트 이사회에서 미국 경영진의 43%와 임원진의 32%를 차지한다. 2011년과 2017년 사이에 월마트 재단은 60만 명 이상의 여성 농부들을 위한 교육을 후원했다. 또한 월마트는 2012년부터 2019년까지 여성 소유의 사업체에 300억 달러를 투자했다.

(7) 마스터 카드

"프로젝트 인스파이어: 세상을 바꾸는 5분"은 젊은 변화자들이 아시아와 태평양의 여성과 소녀들에게 더 나은 세상을 만들 수 있도록 돕기 위한 싱가포르 유엔 여성 및 마스터카드 위원회의 공동 이니셔티브다.

2011년 국제 여성의 날 100주년을 기념하여 시작된 프로젝트 인스파이어는 18-35세 청소년들에게 영감을 받은 아이디어를 제안하고, 미화 25,000달러의 보조금을 받을 수 있는 기회를 제공한다. 이 공모전에는 인도네시아 전통 염료 재배부터 2015년 남아프리카공화국 여성건강교육 어플리케이션까지 다양한 프로젝트로 전 세계 65개국 430여 명의 응모가 몰렸다.

마스터카드는 최근 양성평등을 해결하기 위해 마스터카드가 하고 있는 일을 목표 5에 대응하여 기브미 5 이니셔티브를 시작했다. 마스터카드는 나이지리아 및 이집트와 같은 정부와 협력하여 ID 솔루션을 결제와 연계하여 사람들이 대규모로 재정적으로 포함될 수 있도록 지원하고 있다.

UN Women과의 파트너십은 50만 명의 나이지리아 여성에게 전자 결제 기능이 가능한 신분증을 제공하여 양성평등과 여성의 경제적 권한을 증진시킬 것이다. 2Kuze는 나이로비의 MasterCard Labs for Financial Inclusion이 개발한 제품으로 농업 공급망을 디지털화하여 농장 문을 떠나지 못하게 하는 가사 일을 자주 하고, 그 과정에서 중개인으로부터 주어진 거래를 받아야 하는 경우가 더 많은 여성농부를 지원한다.

마스터카드는 이미 16개국 22,000명의 소녀들에게 도달한 글로벌 과학과 수학 표준에 기반을 둔 시그니처 교육 프로그램인 걸스4테크를 2014년에 만들어 출시했다. 이 실제적인 탐구 기반 프로그램은 사업의 기초를 과학, 기술, 공학, 수학(STEM) 원리에 연결하고 학생들에게 STEM 경력을 추구하기 위해서는 모든 종류의 관심과 기술이 필요하다는 것을 보여준다.

어린 소녀들이 미래의 리더가 되고 STEM 경력을 쌓는 데

도움이 되는 STEM 기술을 구축하도록 영감을 주기 위해
설계된 이 제품은 알고리즘, 암호화, 부정 행위 탐지, 데이
터 분석, 디지털 컨버전스 및 네트워크의 파워와 같은 비즈
니스 기반을 강조하는 마스터카드의 결제 기술을 선보인다.

또한 세부목표 [5.4 공공 서비스, 기반시설 그리고 사회적
보호정책을 제공하고, 국가별로 적절하게 가정 내 가
족의 책임분담을 유도함으로써 무상돌봄과 가사노동
에 대해 인정하고 가치를 부여한다.], [5.5 정치, 경
제, 그리고 공적 생활의 모든 의사결정수준에서 리더
십에 대한 여성의 완전하고 효과적인 참여와 동등한
기회를 보장한다.]에 해당되는 사례는 씨티 그룹, 노
보자임, 갭, 코카콜라 컴패니, 월마트, 마스터카드 사
례가 있다.

시티그룹 사례는 코칭리더십의 "방향제시"와 "관계"라는 하
위요소를 잘 보여주고 있다.

방향제시는 구성원들이 구체적인 목표를 스스로 설정해 나
갈 수 있도록 리더가 도와주는 과정을 의미한다. 코

칭리더십은 구성원들의 과제나 업무가 어떤 목표 혹은 목적을 향하여 나아갈 수 있도록 방향을 제시하는 리더십을 의미한다.

코칭리더십에서 이러한 방향제시가 중요한 이유는 구성원들이 성과를 내도록 영향력을 끼치는 과정에서 목표를 설정하는 것이 출발점이 되기 때문이다. 또한 이러한 방향제시는 구성원들의 개인적인 비전 혹은 업무와 연관된 조직의 비전과 연관되도록 하는 것이 효과적이다. 따라서 코칭리더십의 방향제시라는 하위요소는 성과지향적 혹은 과업지향적 특성을 가진다고 볼 수 있다.

2017년에 씨티는 세계은행 그룹의 일원인 IFC가 신흥시장의 여성 소유 기업과 저소득 커뮤니티에 혜택을 주는 프로젝트를 위한 자금 조달을 확대하기 위해 3년 5억 달러 규모의 최초 사회적 채권을 발행하도록 도왔다. 채권 수익금의 일부는 여성이 자금 조달을 할 수 있도록 여성 기업가에게 대출을 제공하는 금융 기관을 지원하는 데 사용되었다.

또한, 다양성과 포용성에 대한 시티의 깊고 장기적인 약속을 확인하고 여성 소유 기업의 성장과 성공을 지원하기 위해 시티는 7명의 여성 소유 브로커-딜러를 고용하여 25억 달러 규모의 Citibank, N.A. 채권 발행을 주도했다. 이는 시티가 자본 시장과 경제의 다양성을 촉진하는 역할을 하고 있음을 보여준다.

이러한 시티그룹 사례는 세부목표인 [5.5 정치, 경제, 그리고 공적 생활의 모든 의사결정수준에서 리더십에 대한 여성의 완전하고 효과적인 참여와 동등한 기회를 보장한다.]라는 목표에 부합한 방향을 제시함으로써 코칭리더십의 "방향제시"라는 하위요소를 보여주고 있다.

이러한 "방향제시"는 신흥시장의 여성 소유 기업과 저소득 커뮤니티에 혜택을 주는 프로젝트로 구체화되어 실행되었고, 여성 소유 기업의 성장과 성공을 지원하기 위해 시티는 7명의 여성 소유 브로커-딜러를 고용하여 25억 달러 규모의 Citibank, N.A. 채권 발행을 주도했다.

또한 관계는 격려, 칭찬, 지지 등을 통해 구성원들과 신뢰에 기반한 수평적 관계를 형성하여 자발적으로 직무에 몰입할 수 있도록 돕는 과정을 의미한다. 코칭리더십은 구성원들과 상호 신뢰하는 인간관계를 맺는 것이 중요하다. 이 관계는 개방적인 특징을 가지고 있다.

조직 내에서 구성원들이 업무나 과제를 수행하는 과정에서 구성원들 상호 간의 관계가 성과에 영향을 미치기 때문에 무시할 수 없는 부분이다. 성과와 연관된 요인들 중 관계의 중요성이 점점 더 강조되고 있다. 따라서 구성원은 격려하고, 칭찬하며, 경청하고, 지지 함으로써 구성원들 간에 좋은 관계를 유지하는 것은 매우 중요하다. 이러한 관계는 대인관계지향적 특징을 가진다고 볼 수 있다.

2017년에 씨티는 세계은행 그룹의 일원인 IFC가 신흥시장의 여성 소유 기업과 저소득 커뮤니티에 혜택을 주는 프로젝트를 위한 자금 조달을 확대하기 위해 3년 5억 달러 규모의 최초 사회적 채권을 발행하도록 도왔다. 채권 수익금의 일부는 여성이 자금 조달을 할 수 있도록 여성 기업가에게 대출을 제공하는 금융 기관을 지원하는 데 사용되었다.

이러한 시티그룹 사례는 신흥시장 여성 소유 기업과 저소득 커뮤니티에 혜택을 제공함으로써 서로 격려하고 이러한 과정에서 많은 파트너들과 이해관계자들 간에 좋은 관계를 유지하여 좋은 성과에 기여하는 코칭리더십의 "관계"라는 하위요소를 보여주고 있다.

또한 노보자임 사례는 코칭리더십의 "방향제시"와 "관계"라는 하위요소를 잘 보여주고 있다.

방향제시는 구성원들이 구체적인 목표를 스스로 설정해 나갈 수 있도록 리더가 도와주는 과정을 의미한다. 코칭리더십은 구성원들의 과제나 업무가 어떤 목표 혹은 목적을 향하여 나아갈 수 있도록 방향을 제시하는 리더십을 의미한다.

코칭리더십에서 이러한 방향제시가 중요한 이유는 구성원들이 성과를 내도록 영향력을 끼치는 과정에서 목표를 설정하는 것이 출발점이 되기 때문이다. 또한 이러한 방향제시는 구성원들의 개인적인 비전 혹은 업무와 연관된 조직의 비전과 연관되도록 하는 것이 효과적이다. 따라서 코칭리더십의 방향제시라는 하위요소는 성과지향적 혹은 과업지향적 특성을 가진다고 볼 수 있다.

노보자임은 2020년까지 고위 관리직에 30%의 여성을 두는 장기적인 목표를 가지고 있다. 다양성 목표 달성의 중요성을 강조하기 위해, 다양성이 노보자임 채용의 핵심으로 유지되도록 하는 과정이 확립되었다.

이러한 노보자임 사례는 세부목표인 [5.5 정치, 경제, 그리고 공적 생활의 모든 의사결정수준에서 리더십에 대한 여성의 완전하고 효과적인 참여와 동등한 기회를 보장한다.]라는 목표에 부합한 방향을 제시함으로써 코칭리더십의 "방향제시"라는 하위요소를 보여주고 있다.

이러한 "방향제시"는 노보자임으로 하여금 2020년까지 고
위 관리직에 30%의 여성을 두는 장기적인 목표를 가
지게 하였고, 다양성 목표 달성의 중요성을 강조하기
위해, 다양성이 노보자임 채용의 핵심으로 유지되도록
하는 과정을 확립하게 하였다.

더 나아가 관계는 격려, 칭찬, 지지 등을 통해 구성원들과
신뢰에 기반한 수평적 관계를 형성하여 자발적으로
직무에 몰입할 수 있도록 돕는 과정을 의미한다. 코
칭리더십은 구성원들과 상호 신뢰하는 인간관계를 맺
는 것이 중요하다. 이 관계는 개방적인 특징을 가지
고 있다.

조직 내에서 구성원들이 업무나 과제를 수행하는 과정에서
구성원들 상호 간의 관계가 성과에 영향을 미치기 때
문에 무시할 수 없는 부분이다. 성과와 연관된 요인
들 중 관계의 중요성이 점점 더 강조되고 있다. 따라
서 구성원은 격려하고, 칭찬하며, 경청하고, 지지 함

으로써 구성원들 간에 좋은 관계를 유지하는 것은 매우 중요하다. 이러한 관계는 대인관계지향적 특징을 가진다고 볼 수 있다.

노보자임은 리더 간의 다양성을 더욱 촉진한다는 목표를 가지고 있으며 경영 및 승계 계획 프로세스를 위한 글로벌 인재풀을 통해 이러한 집중력을 지속적으로 높이고 있다. 덴마크에서, 노보자임은 더 많은 여성들을 지도적 역할로 끌어들이기 위해 15개 덴마크 기업의 최고 지도자들을 모으는 계획인 젠더 다양성 원탁회의의 회원이다.

이러한 노보자임 사례는 덴마크에서, 노보자임은 더 많은 여성들을 지도적 역할로 끌어들이기 위해 15개 덴마크 기업의 최고 지도자들을 모으는 계획인 젠더 다양성 원탁회의의 회원으로서 서로 격려하고 이러한 과정에서 많은 파트너들과 이해관계자들 간에 좋은 관계를 유지하여 좋은 성과에 기여하는 코칭리더십의 "관계"라는 하위요소를 보여주고 있다.

또한 코카콜라 사례는 코칭리더십의 "방향제시", "개발", "관계"라는 하위요소를 잘 보여주고 있다.

방향제시는 구성원들이 구체적인 목표를 스스로 설정해 나갈 수 있도록 리더가 도와주는 과정을 의미한다. 코칭리더십은 구성원들의 과제나 업무가 어떤 목표 혹은 목적을 향하여 나아갈 수 있도록 방향을 제시하는 리더십을 의미한다.

코칭리더십에서 이러한 방향제시가 중요한 이유는 구성원들이 성과를 내도록 영향력을 끼치는 과정에서 목표를 설정하는 것이 출발점이 되기 때문이다. 또한 이러한 방향제시는 구성원들의 개인적인 비전 혹은 업무와 연관된 조직의 비전과 연관되도록 하는 것이 효과적이다. 따라서 코칭리더십의 방향제시라는 하위요소는 성과지향적 혹은 과업지향적 특성을 가진다고 볼 수 있다.

코카콜라는 2020년까지 전 세계 가치 사슬에서 500만 명의 여성의 경제적 권한을 가능하게 하겠다고 약속했다. 5 by 20이라고 불리는 이 계획은 2010년에 시작되었다. 2013년 말까지, 5x20은 전 세계 44개국에서 55만 명 이상의 여성의 경제적 권한을 가능하게 했다. 코카콜라는 기업, 정부, 시민 사회의 황금 삼각지대를 가로질러 이 중요한 분야에서 진전을 이루기 위해 독특한 전문성, 범위, 기술을 가져오기 위해 노력하고 있다.

이러한 코카콜라 사례는 세부목표인 [5.5 정치, 경제, 그리고 공적 생활의 모든 의사결정수준에서 리더십에 대한 여성의 완전하고 효과적인 참여와 동등한 기회를 보장한다.]라는 목표에 부합한 방향을 제시함으로써 코칭리더십의 "방향제시"라는 하위요소를 보여주고 있다.

이러한 "방향제시"를 통해서 코카콜라는 2020년까지 전 세계 가치 사슬에서 500만 명의 여성의 경제적 권한을 가능하게 하겠다고 약속했다. 5 by 20이라고 불리는 이 계획은 2010년에 시작되었다. 2013년 말까지, 5x20은 전 세계 44개국에서 55만 명 이상의 여성의 경제적 권한을 가능하게 했다.

또한 개발은 구성원들에게 기회를 제공하여 학습할 수 있도록 도움으로써 스스로의 역량을 향상할 수 있도록 돕는 과정을 의미한다. 코칭리더십에서 가장 중요한 측면 중 하나는 구성원들의 지식, 기술, 역량, 태도 등을 향상할 수 있도록 돕는 과정인 개발이라는 하위요소이다.

이러한 지식, 기술, 역량, 태도 등의 향상은 성과를 향상시키는 것과 연결되어져야 한다. 이러한 측면에서 개발은 구성원을 육성하는 것과 연결되어진 개념이라고 볼 수 있다.

코카콜라는 2020년까지 전 세계 가치 사슬에서 500만 명의 여성의 경제적 권한을 가능하게 하겠다고 약속했다. 5 by 20이라고 불리는 이 계획은 2010년에 시작되었다. 2013년 말까지, 5x20은 전 세계 44개국에서 55만 명 이상의 여성의 경제적 권한을 가능하게 했다. 코카콜라는 기업, 정부, 시민 사회의 황금 삼각

지대를 가로질러 이 중요한 분야에서 진전을 이루기
위해 독특한 전문성, 범위, 기술을 가져오기 위해 노
력하고 있다.

이러한 코카콜라 사례는 기업, 정부, 시민 사회의 황금 삼
각지대를 가로질러 이 중요한 분야에서 진전을 이루
기 위해 독특한 전문성, 범위, 기술을 가져오기 위해
노력함으로써 여성들의 지식, 기술, 역량, 태도 등을
향상시키는 코칭리더십의 "개발"라는 하위요소를 너무
나 잘 보여주고 있다.

또한 관계는 격려, 칭찬, 지지 등을 통해 구성원들과 신뢰
에 기반한 수평적 관계를 형성하여 자발적으로 직무
에 몰입할 수 있도록 돕는 과정을 의미한다. 코칭리
더십은 구성원들과 상호 신뢰하는 인간관계를 맺는
것이 중요하다. 이 관계는 개방적인 특징을 가지고
있다.

조직 내에서 구성원들이 업무나 과제를 수행하는 과정에서
구성원들 상호 간의 관계가 성과에 영향을 미치기 때

문에 무시할 수 없는 부분이다. 성과와 연관된 요인들 중 관계의 중요성이 점점 더 강조되고 있다. 따라서 구성원은 격려하고, 칭찬하며, 경청하고, 지지 함으로써 구성원들 간에 좋은 관계를 유지하는 것은 매우 중요하다. 이러한 관계는 대인관계지향적 특징을 가진다고 볼 수 있다.

코카콜라는 2020년까지 전 세계 가치 사슬에서 500만 명의 여성의 경제적 권한을 가능하게 하겠다고 약속했다. 5 by 20이라고 불리는 이 계획은 2010년에 시작되었다. 2013년 말까지, 5x20은 전 세계 44개국에서 55만 명 이상의 여성의 경제적 권한을 가능하게 했다. 코카콜라는 기업, 정부, 시민 사회의 황금 삼각지대를 가로질러 이 중요한 분야에서 진전을 이루기 위해 독특한 전문성, 범위, 기술을 가져오기 위해 노력하고 있다.

이러한 코카콜라 사례는 기업, 정부, 시민 사회와 같은 다양한 이해관계자들 간에 좋은 관계를 유지하는 코칭 리더십의 "관계"라는 하위요소를 보여주고 있다.

월마트 사례는 코칭리더십의 "방향제시", "개발", "관계"라는 하위요소를 잘 보여주고 있다.

방향제시는 구성원들이 구체적인 목표를 스스로 설정해 나갈 수 있도록 리더가 도와주는 과정을 의미한다. 코칭리더십은 구성원들의 과제나 업무가 어떤 목표 혹은 목적을 향하여 나아갈 수 있도록 방향을 제시하는 리더십을 의미한다.

코칭리더십에서 이러한 방향제시가 중요한 이유는 구성원들이 성과를 내도록 영향력을 끼치는 과정에서 목표를 설정하는 것이 출발점이 되기 때문이다. 또한 이러한 방향제시는 구성원들의 개인적인 비전 혹은 업무와 연관된 조직의 비전과 연관되도록 하는 것이 효과적이다. 따라서 코칭리더십의 방향제시라는 하위요소는 성과지향적 혹은 과업지향적 특성을 가진다고 볼 수 있다.

월마트는 특히 소매 기회, 책임 있는 공급망 및 포괄적인 소싱을 통해 양성평등을 다루고 있다. 2025년까지 경력 성장을 개선하기 위한 기술을 갖추기 위해 수백만 명의 동료에게 집중적인 훈련 프로그램을 실시한다는 목표의 일환으로, 훈련받은 동료의 60%가 여성이었다.

게다가, 여성들은 월마트 이사회에서 미국 경영진의 43%와 임원진의 32%를 차지한다. 2011년과 2017년 사이에 월마트 재단은 60만 명 이상의 여성 농부들을 위한 교육을 후원했다. 또한 월마트는 2012년부터 2019년까지 여성 소유의 사업체에 300억 달러를 투자했다.

이러한 월마트 사례는 세부목표인 [5.5 정치, 경제, 그리고 공적 생활의 모든 의사결정수준에서 리더십에 대한 여성의 완전하고 효과적인 참여와 동등한 기회를 보장한다.]라는 목표에 부합한 방향을 제시함으로써 코칭리더십의 "방향제시"라는 하위요소를 보여주고 있다.

이러한 "방향제시"를 통해서 월마트는 특히 소매 기회, 책임 있는 공급망 및 포괄적인 소싱을 통해 양성평등을 다루고 있다. 또한 여성들이 월마트 이사회에서 미국 경영진의 43%와 임원진의 32%를 차지한다.

또한 개발은 구성원들에게 기회를 제공하여 학습할 수 있도록 도움으로써 스스로의 역량을 향상할 수 있도록 돕는 과정을 의미한다. 코칭리더십에서 가장 중요한 측면 중 하나는 구성원들의 지식, 기술, 역량, 태도 등을 향상할 수 있도록 돕는 과정인 개발이라는 하위요소이다.

이러한 지식, 기술, 역량, 태도 등의 향상은 성과를 향상시키는 것과 연결되어져야 한다. 이러한 측면에서 개발은 구성원을 육성하는 것과 연결되어진 개념이라고 볼 수 있다.

월마트는 특히 소매 기회, 책임 있는 공급망 및 포괄적인 소싱을 통해 양성평등을 다루고 있다. 2025년까지 경력 성장을 개선하기 위한 기술을 갖추기 위해 수백만 명의 동료에게 집중적인 훈련 프로그램을 실시한다는 목표의 일환으로, 훈련받은 동료의 60%가 여성이었다.

게다가, 여성들은 월마트 이사회에서 미국 경영진의 43%와 임원진의 32%를 차지한다. 2011년과 2017년 사이에 월마트 재단은 60만 명 이상의 여성 농부들을 위한 교육을 후원했다. 또한 월마트는 2012년부터 2019년까지 여성 소유의 사업체에 300억 달러를 투자했다.

이러한 월마트 사례는 2025년까지 경력 성장을 개선하기 위한 기술을 갖추기 위해 수백만 명의 동료에게 집중적인 훈련 프로그램을 실시한다는 목표의 일환으로, 훈련받은 동료의 60%가 여성이었다. 2011년과 2017년 사이에 월마트 재단은 60만 명 이상의 여성 농부들을 위한 교육을 후원했다. 월마트는 이러한 노력을 함으로써 여성들의 지식, 기술, 역량, 태도 등을 향상시키는 코칭리더십의 "개발"라는 하위요소를 너무나 잘 보여주고 있다.

또한 관계는 격려, 칭찬, 지지 등을 통해 구성원들과 신뢰에 기반한 수평적 관계를 형성하여 자발적으로 직무에 몰입할 수 있도록 돕는 과정을 의미한다. 코칭리더십은 구성원들과 상호 신뢰하는 인간관계를 맺는 것이 중요하다. 이 관계는 개방적인 특징을 가지고 있다.

조직 내에서 구성원들이 업무나 과제를 수행하는 과정에서 구성원들 상호 간의 관계가 성과에 영향을 미치기 때문에 무시할 수 없는 부분이다. 성과와 연관된 요인들 중 관계의 중요성이 점점 더 강조되고 있다. 따라서 구성원은 격려하고, 칭찬하며, 경청하고, 지지 함으로써 구성원들 간에 좋은 관계를 유지하는 것은 매우 중요하다. 이러한 관계는 대인관계지향적 특징을 가진다고 볼 수 있다.

월마트는 특히 소매 기회, 책임 있는 공급망 및 포괄적인 소싱을 통해 양성평등을 다루고 있다. 2025년까지 경력 성장을 개선하기 위한 기술을 갖추기 위해 수백만 명의 동료에게 집중적인 훈련 프로그램을 실시한다는 목표의 일환으로, 훈련받은 동료의 60%가 여성이었다.

게다가, 여성들이 월마트 이사회에서 미국 경영진의 43%와 임원진의 32%를 차지한다. 2011년과 2017년 사이에 월마트 재단은 60만 명 이상의 여성 농부들을 위한 교육을 후원했다. 또한 월마트는 2012년부터 2019년까지 여성 소유의 사업체에 300억 달러를 투자했다.

이러한 월마트 사례는 경영진과 조직구성원, 그리고 여성 농부들과 같은 공급망 내에 파트너들 간에 좋은 관계를 유지하는 코칭리더십의 "관계"라는 하위요소를 보여주고 있다.

마스터 카드 사례는 코칭리더십의 "방향제시", "개발", "관계"라는 하위요소를 잘 보여주고 있다.

방향제시는 구성원들이 구체적인 목표를 스스로 설정해 나갈 수 있도록 리더가 도와주는 과정을 의미한다. 코칭리더십은 구성원들의 과제나 업무가 어떤 목표 혹은 목적을 향하여 나아갈 수 있도록 방향을 제시하는 리더십을 의미한다.

코칭리더십에서 이러한 방향제시가 중요한 이유는 구성원들이 성과를 내도록 영향력을 끼치는 과정에서 목표를 설정하는 것이 출발점이 되기 때문이다. 또한 이러한 방향제시는 구성원들의 개인적인 비전 혹은 업무와 연관된 조직의 비전과 연관되도록 하는 것이 효과적이다. 따라서 코칭리더십의 방향제시라는 하위요소는 성과지향적 혹은 과업지향적 특성을 가진다고 볼 수 있다.

"프로젝트 인스파이어: 세상을 바꾸는 5분"은 젊은 변화자들이 아시아와 태평양의 여성과 소녀들에게 더 나은 세상을 만들 수 있도록 돕기 위한 싱가포르 유엔 여성 및 마스터카드 위원회의 공동 이니셔티브다.

이러한 마스터 카드 사례는 세부목표인 [5.5 정치, 경제, 그리고 공적 생활의 모든 의사결정수준에서 리더십에 대한 여성의 완전하고 효과적인 참여와 동등한 기회를 보장한다.]라는 목표에 부합한 방향을 제시함으로써 코칭리더십의 "방향제시"라는 하위요소를 보여주고 있다.

이러한 "방향제시"를 통해서 마스터 카드는 "프로젝트 인스파이어: 세상을 바꾸는 5분"이라는 이니셔티브를 실행함으로써 젊은 변화자들이 아시아와 태평양의 여성과 소녀들에게 더 나은 세상을 만들 수 있도록 돕고 있다.

또한 개발은 구성원들에게 기회를 제공하여 학습할 수 있도록 도움으로써 스스로의 역량을 향상할 수 있도록 돕는 과정을 의미한다. 코칭리더십에서 가장 중요한 측면 중 하나는 구성원들의 지식, 기술, 역량, 태도 등을 향상할 수 있도록 돕는 과정인 개발이라는 하위요소이다.

이러한 지식, 기술, 역량, 태도 등의 향상은 성과를 향상시키는 것과 연결되어져야 한다. 이러한 측면에서 개발은 구성원을 육성하는 것과 연결되어진 개념이라고 볼 수 있다.

마스터카드는 이미 16개국 22,000명의 소녀들에게 도달한 글로벌 과학과 수학 표준에 기반을 둔 시그니처 교육 프로그램인 걸스4테크를 2014년에 만들어 출시했다. 이 실제적인 탐구 기반 프로그램은 사업의 기초를 과학, 기술, 공학, 수학(STEM) 원리에 연결하고 학생들에게 STEM 경력을 추구하기 위해서는 모든 종류의 관심과 기술이 필요하다는 것을 보여준다.

어린 소녀들이 미래의 리더가 되고 STEM 경력을 쌓는 데 도움이 되는 STEM 기술을 구축하도록 영감을 주기 위해 설계된 이 제품은 알고리즘, 암호화, 부정 행위 탐지, 데이터 분석, 디지털 컨버전스 및 네트워크의 파워와 같은 비즈니스 기반을 강조하는 마스터카드의 결제 기술을 선보인다.

이러한 마스터 카드 사례는 6개국 22,000명의 소녀들에게 도달한 글로벌 과학과 수학 표준에 기반을 둔 시그니처 교육 프로그램인 걸스4테크를 2014년에 만들어 출시함으로써 어린 소녀들의 특히 STEM과 관련된 지식, 기술, 역량, 태도 등을 향상시키는 코칭리더십의 "개발"라는 하위요소를 너무나 잘 보여주고 있다.

또한 관계는 격려, 칭찬, 지지 등을 통해 구성원들과 신뢰에 기반한 수평적 관계를 형성하여 자발적으로 직무에 몰입할 수 있도록 돕는 과정을 의미한다. 코칭리더십은 구성원들과 상호 신뢰하는 인간관계를 맺는 것이 중요하다. 이 관계는 개방적인 특징을 가지고 있다.

조직 내에서 구성원들이 업무나 과제를 수행하는 과정에서 구성원들 상호 간의 관계가 성과에 영향을 미치기 때문에 무시할 수 없는 부분이다. 성과와 연관된 요인들 중 관계의 중요성이 점점 더 강조되고 있다. 따라서 구성원은 격려하고, 칭찬하며, 경청하고, 지지 함으로써 구성원들 간에 좋은 관계를 유지하는 것은 매우 중요하다. 이러한 관계는 대인관계지향적 특징을 가진다고 볼 수 있다.

2011년 국제 여성의 날 100주년을 기념하여 시작된 프로젝트 인스파이어는 18-35세 청소년들에게 영감을 받은 아이디어를 제안하고, 미화 25,000달러의 보조금을 받을 수 있는 기회를 제공한다. 이 공모전에는 인도네시아 전통 염료 재배부터 2015년 남아프리카공화국 여성건강교육 어플리케이션까지 다양한 프로젝트로 전 세계 65개국 430여 명의 응모가 몰렸다.

마스터카드는 최근 양성평등을 해결하기 위해 마스터카드가 하고 있는 일을 목표 5에 대응하여 기브미 5 이니셔티브를 시작했다. 마스터카드는 나이지리아 및 이집트와 같은 정부와 협력하여 ID 솔루션을 결제와 연계하여 사람들이 대규모로 재정적으로 포함될 수 있도록 지원하고 있다.

UN Women과의 파트너십은 50만 명의 나이지리아 여성에게 전자 결제 기능이 가능한 신분증을 제공하여 양성평등과 여성의 경제적 권한을 증진시킬 것이다. 2Kuze는 나이로비의 MasterCard Labs for Financial Inclusion이 개발한 제품으로 농업 공급망을 디지털화하여 농장 문을 떠나지 못하게 하는 가사 일을 자주 하고, 그 과정에서 중개인으로부터 주어진 거래를 받아야 하는 경우가 더 많은 여성 농부를 지원한다.

이러한 마스터 카드 사례는 유엔 여성과의 파트너십을 통해서 좋은 관계를 유지하여 좋은 성과를 내는 코칭리더십의 "관계"라는 하위요소를 보여주고 있다.

정리하면, 세부목표 [5.5 정치, 경제, 그리고 공적 생활의 모든 의사결정수준에서 리더십에 대한 여성의 완전하고 효과적인 참여와 동등한 기회를 보장한다.]의 실현에 해당되는 시티그룹, 노보자임, 코카콜라, 월마트, 마스터 카드 사례는 코칭리더십 관점에서 개인과 조직의 성과를 향상시키기 위해서 지속적인 대화를 통해 피드백을 주고 격려를 받게 하는 말과 행동의 과정으로, 조직의 리더가 구성원들과의 관계를 수평적으로 유지하며, 조직원들이 자신의 업무를 자발적으로 수행해 나가기 위해서 자신들의 숨겨진 잠재력을 극대화해 나가는 과정을 의미하며, 이러한 과정에서 구성원들 개개인의 특성을 이해하고 스스로 동기부여

할 수 있도록 도움으로써 조직의 당면과제를 해결하고, 성과를 내도록 영향력을 끼치는 코칭리더십을 발휘하고 있다.

(8) 프록터 & 갬블

P&G Always 브랜드는 12~14세 소녀들에게 좋은 개인 위생, 사춘기, 생리, 개인 관리에 대한 교육을 제공하는 Protecting Future Program을 통해 1,200만 명 이상의 청소년들에게 사춘기 교육을 제공해왔다. 2006년에 시작된 이 프로그램은 여학생들이 생리 기간 동안 수업을 듣고 학교에 머물 수 있도록 돕는 것을 목표로 하고 있다.

이 프로그램은 아프리카에서 중동으로 확대되어 20개국에 성공적으로 영향을 미쳤다. 유엔난민기구(UNHCR: United Nations High Commissioner for Refugees – 유엔 난민 고등판무관 사무소)을 통해 225,000개 이상의 생리대와 4개의 팩 패드 샘플 3,000만 개가 배포됐다.

P&G는 '미래를 지켜라'라는 메시지로 3억 5,300만 명이 넘는 사람들에게 다가갔다. P&G의 Always, Tampax, Children's Safe Drinking Water, Safeguard와 같은 브랜드 제품군을 통해 총 501개의 욕실/화장실과 일회용 구

덩이를 건설 및/또는 복구했다. 8백만 달러가 넘는 돈이 프로그램 자금에 투입되었다.

(9) 퀄컴

퀄컴의 Wireless Reach는 서비스가 부족한 전 세계 커뮤니티에 무선 기술을 제공하는 전략적 이니셔티브다. Wireless Reach는 기업가 정신을 육성하고, 공공 안전에 도움을 주고, 의료 서비스를 향상시키며, 교수와 학습을 풍부하게 하고, 환경 지속 가능성을 향상시키는 프로젝트에 투자한다.

모바일 기술은 역사적으로 개발도상국의 발전을 가로막았던 지리적, 사회경제적, 교육적, 문화적 장벽을 말 그대로 무너뜨리고 있다. 지금까지 Wireless Reach는 40개국 100개 이상의 프로젝트에 대해 450명 이상의 이해 관계자들과 협력했으며 거의 800만 명의 사람들에게 혜택을 주었다.

퀄컴의 Wireless Reach와 Hapinoy는 필리핀에서 Hapinoy Mobile Money Hub 프로젝트를 만드는 데 협

력했다. Hapinoy Money Hub 프로젝트는 참여한 어머니들(Nanays: "엄마"의 따갈로그어")에게 모바일 리터러시 교육, 마이크로 파이낸싱 기관을 통한 자본 접근, 첨단 무선 기술을 이용한 새로운 비즈니스 기회를 제공하는 프로그램이다.

이 프로젝트는 Nanays 소액 사업가들이 모바일 머니 에이전트가 될 수 있는 권한을 부여하여, 그들이 지역 이웃에 신뢰할 수 있는 송금 서비스를 제공함으로써 추가 수입을 창출할 수 있도록 한다. 퀄컴은 프로젝트 관리 지원 및 무선 기술 전문성과 함께 이 프로젝트에 1차 자금 지원을 제공했다.

말레이시아에서는 퀄컴과 체리블레어 여성재단(Cherie Blair Foundation for Women), 튠톡 모바일 선불(Tune Talk Mobile Prepaid), 여성 교육 직업 훈련 재단(Foundation for Women's Education and Vocational Training) 등이 손잡고 여성기업 멘토링 프로그램을 통해 비즈니스 및 기술에 대한 여성의 기술과 지식을 향상시켰다.

이 프로그램은 여성 기업가들에게 힘을 주고 격려하는 멘토
링 프로그램과 함께 참가자들에게 비즈니스 교육을 제공한
다. 2014년 말까지 150명의 여성 창업자들이 ICT, 비즈니
스, 영어 집중교육을 이수하고 태블릿과 데이터 요금제를
받았다.

더 나아가 세부목표 [5.6 국제인구개발회의 행동계획과 베
이징 행동강령 및 그 검토회의 결과문서에서 합의한
대로 성 및 임신보건과 임신에 대한 권리를 보편적으
로 접근할 수 있도록 보장한다.]에 기여하기 위한 사
례는 P&G사례이다.

P&G 사례는 코칭리더십의 "방향제시", "개발", "관계"라는
하위요소를 잘 보여주고 있다.

방향제시는 구성원들이 구체적인 목표를 스스로 설정해 나
갈 수 있도록 리더가 도와주는 과정을 의미한다. 코
칭리더십은 구성원들의 과제나 업무가 어떤 목표 혹
은 목적을 향하여 나아갈 수 있도록 방향을 제시하는

리더십을 의미한다.

코칭리더십에서 이러한 방향제시가 중요한 이유는 구성원들이 성과를 내도록 영향력을 끼치는 과정에서 목표를 설정하는 것이 출발점이 되기 때문이다. 또한 이러한 방향제시는 구성원들의 개인적인 비전 혹은 업무와 연관된 조직의 비전과 연관되도록 하는 것이 효과적이다. 따라서 코칭리더십의 방향제시라는 하위요소는 성과지향적 혹은 과업지향적 특성을 가진다고 볼 수 있다.

P&G Always 브랜드는 12~14세 소녀들에게 좋은 개인 위생, 사춘기, 생리, 개인 관리에 대한 교육을 제공하는 Protecting Future Program을 통해 1,200만 명 이상의 청소년들에게 사춘기 교육을 제공해왔다. 2006년에 시작된 이 프로그램은 여학생들이 생리 기간 동안 수업을 듣고 학교에 머물 수 있도록 돕는 것을 목표로 하고 있다.

P&G는 '미래를 지켜라'라는 메시지로 3억 5,300만 명이

넘는 사람들에게 다가갔다. P&G의 Always, Tampax, Children's Safe Drinking Water, Safeguard와 같은 브랜드 제품군을 통해 총 501개의 욕실/화장실과 일회용 구덩이를 건설 및/또는 복구했다. 8백만 달러가 넘는 돈이 프로그램 자금에 투입되었다.

이러한 P&G 사례는 세부목표인 [5.6 국제인구개발회의 행동계획과 베이징 행동강령 및 그 검토회의 결과문서에서 합의한 대로 성 및 임신보건과 임신에 대한 권리를 보편적으로 접근할 수 있도록 보장한다.]라는 목표에 부합한 방향을 제시함으로써 코칭리더십의 "방향제시"라는 하위요소를 보여주고 있다.

이러한 "방향제시"를 통해서 P&G는 P&G Always 브랜드는 12~14세 소녀들에게 좋은 개인 위생, 사춘기, 생리, 개인 관리에 대한 교육을 제공하는 Protecting Future Program을 통해 1,200만 명 이상의 청소년들에게 사춘기 교육을 제공해왔다. 또한 P&G는 '미래를 지켜라'라는 메시지로 3억 5,300만 명이 넘는 사람들에게 다가갔다.

또한 개발은 구성원들에게 기회를 제공하여 학습할 수 있도록 도움으로써 스스로의 역량을 향상할 수 있도록 돕는 과정을 의미한다. 코칭리더십에서 가장 중요한 측면 중 하나는 구성원들의 지식, 기술, 역량, 태도 등을 향상할 수 있도록 돕는 과정인 개발이라는 하위요소이다.

이러한 지식, 기술, 역량, 태도 등의 향상은 성과를 향상시키는 것과 연결되어져야 한다. 이러한 측면에서 개발은 구성원을 육성하는 것과 연결되어진 개념이라고 볼 수 있다.

P&G Always 브랜드는 12~14세 소녀들에게 좋은 개인 위생, 사춘기, 생리, 개인 관리에 대한 교육을 제공하는 Protecting Future Program을 통해 1,200만 명 이상의 청소년들에게 사춘기 교육을 제공해왔다. 2006년에 시작된 이 프로그램은 여학생들이 생리 기간 동안 수업을 듣고 학교에 머물 수 있도록 돕는 것을 목

표로 하고 있다.

이러한 P&G 사례는 12~14세 소녀들에게 좋은 개인 위생, 사춘기, 생리, 개인 관리에 대한 교육을 제공하는 Protecting Future Program을 통해 1,200만 명 이상의 청소년들에게 사춘기 교육을 제공함으로써 성과 임신보건과 관련된 지식, 기술, 역량, 태도 등을 향상시키는 코칭리더십의 "개발"이라는 하위요소를 너무나 잘 보여주고 있다.

또한 관계는 격려, 칭찬, 지지 등을 통해 구성원들과 신뢰에 기반한 수평적 관계를 형성하여 자발적으로 직무에 몰입할 수 있도록 돕는 과정을 의미한다. 코칭리더십은 구성원들과 상호 신뢰하는 인간관계를 맺는 것이 중요하다. 이 관계는 개방적인 특징을 가지고 있다.

조직 내에서 구성원들이 업무나 과제를 수행하는 과정에서 구성원들 상호 간의 관계가 성과에 영향을 미치기 때문에 무시할 수 없는 부분이다. 성과와 연관된 요인들 중 관계의 중요성이 점점 더 강조되고 있다. 따라서 구성원은 격려하고, 칭찬하며, 경청하고, 지지 함으로써 구성원들 간에 좋은 관계를 유지하는 것은 매우 중요하다. 이러한 관계는 대인관계지향적 특징을 가진다고 볼 수 있다.

Protecting Future Program 프로그램은 아프리카에서 중동으로 확대되어 20개국에 성공적으로 영향을 미쳤다. 유엔난민기구(UNHCR: United Nations High Commissioner for Refugees - 유엔 난민 고등판무관 사무소)을 통해 225,000개 이상의 생리대와 4개의 팩 패드 샘플 3,000만 개가 배포됐다.

P&G는 '미래를 지켜라'라는 메시지로 3억 5,300만 명이 넘는 사람들에게 다가갔다. P&G의 Always, Tampax, Children's Safe Drinking Water, Safeguard와 같은 브랜드 제품군을 통해 총 501개의 욕실/화장실과 일회용 구덩이를 건설 및/또는 복구했다. 8백만 달러가 넘는 돈이 프로그램 자금에 투입되었다.

이러한 P&G 사례는 유엔난민기구와의 파트너십을 통해서 좋은 관계를 유지하여 좋은 성과를 내는 코칭리더십의 "관계"라는 하위요소를 보여주고 있다.

또한 세부목표 [5.b 여성의 권익신장을 위해 실용기술 특히, 정보통신 기술 이용을 증진시킨다.]에 대한 사례는 퀄컴이 있다.

퀄컴 사례는 코칭리더십의 "방향제시", "개발", "관계"라는 하위요소를 잘 보여주고 있다.

방향제시는 구성원들이 구체적인 목표를 스스로 설정해 나갈 수 있도록 리더가 도와주는 과정을 의미한다. 코칭리더십은 구성원들의 과제나 업무가 어떤 목표 혹은 목적을 향하여 나아갈 수 있도록 방향을 제시하는 리더십을 의미한다.

코칭리더십에서 이러한 방향제시가 중요한 이유는 구성원들이 성과를 내도록 영향력을 끼치는 과정에서 목표를 설정하는 것이 출발점이 되기 때문이다. 또한 이러한 방향제시는 구성원들의 개인적인 비전 혹은 업무와 연관된 조직의 비전과 연관되도록 하는 것이 효과적이다. 따라서 코칭리더십의 방향제시라는 하위요소는 성과지향적 혹은 과업지향적 특성을 가진다고 볼 수 있다.

퀄컴의 Wireless Reach는 서비스가 부족한 전 세계 커뮤니티에 무선 기술을 제공하는 전략적 이니셔티브다. Wireless Reach는 기업가 정신을 육성하고, 공공 안전에 도움을 주고, 의료 서비스를 향상시키며, 교수와 학습을 풍부하게 하고, 환경 지속 가능성을 향상시키는 프로젝트에 투자한다.

모바일 기술은 역사적으로 개발도상국의 발전을 가로막았던 지리적, 사회경제적, 교육적, 문화적 장벽을 말 그대로 무너뜨리고 있다. 지금까지 Wireless Reach는 40개국 100개 이상의 프로젝트에 대해 450명 이상의 이해 관계자들과 협력했으며 거의 800만 명의 사람들에게 혜택을 주었다.

이러한 퀄컴 사례는 세부목표인 [5.b 여성의 권익신장을 위
해 실용기술 특히, 정보통신 기술 이용을 증진시킨
다.]라는 목표에 부합한 방향을 제시함으로써 코칭리
더십의 "방향제시"라는 하위요소를 보여주고 있다.

이러한 "방향제시"를 통해서 퀄컴은 'Wireless Reach'를
통해서 서비스가 부족한 전 세계 커뮤니티에 무선 기
술을 제공하였다. Wireless Reach는 기업가 정신을
육성하고, 공공 안전에 도움을 주고, 의료 서비스를
향상시키며, 교수와 학습을 풍부하게 하고, 환경 지속
가능성을 향상시키는 프로젝트에 투자하게 하였다.

또한 개발은 구성원들에게 기회를 제공하여 학습할 수 있도
록 도움으로써 스스로의 역량을 향상할 수 있도록 돕
는 과정을 의미한다. 코칭리더십에서 가장 중요한 측
면 중 하나는 구성원들의 지식, 기술, 역량, 태도 등
을 향상할 수 있도록 돕는 과정인 개발이라는 하위요
소이다.

이러한 지식, 기술, 역량, 태도 등의 향상은 성과를 향상시키는 것과 연결되어져야 한다. 이러한 측면에서 개발은 구성원을 육성하는 것과 연결되어진 개념이라고 볼 수 있다.

퀄컴의 Wireless Reach는 서비스가 부족한 전 세계 커뮤니티에 무선 기술을 제공하는 전략적 이니셔티브다. Wireless Reach는 기업가 정신을 육성하고, 공공 안전에 도움을 주고, 의료 서비스를 향상시키며, 교수와 학습을 풍부하게 하고, 환경 지속 가능성을 향상시키는 프로젝트에 투자한다.

퀄컴의 Wireless Reach와 Hapinoy는 필리핀에서 Hapinoy Mobile Money Hub 프로젝트를 만드는 데 협력했다. Hapinoy Money Hub 프로젝트는 참여한 어머니들(Nanays: "엄마"의 따갈로그어")에게 모바일 리터러시 교육, 마이크로 파이낸싱 기관을 통한 자본 접근, 첨단 무선 기술을 이용한 새로운 비즈니스 기회를 제공하는 프로그램이다.

말레이시아에서는 퀄컴과 체리블레어 여성재단(Cherie Blair Foundation for Women), 튠톡 모바일 선불(Tune Talk Mobile Prepaid), 여성 교육 직업 훈련 재단(Foundation for Women's Education and Vocational Training) 등이 손잡고 여성기업 멘토링 프로그램을 통해 비즈니스 및 기술에 대한 여성의 기술과 지식을 향상시켰다.

이러한 퀄컴 사례는 Hapinoy Money Hub 프로젝트는 참여한 어머니들에게 모바일 리터러시 교육, 마이크로 파이낸싱 기관을 통한 자본 접근, 첨단 무선 기술을 이용한 새로운 비즈니스 기회를 제공하고, 여성기업 멘토링 프로그램을 통해 비즈니스 및 기술에 대한 여성의 기술과 지식을 향상시킴으로써 여성 기업가들의 지식, 기술, 역량, 태도 등을 향상시키는 코칭리더십의 "개발"라는 하위요소를 너무나 잘 보여주고 있다.

또한 관계는 격려, 칭찬, 지지 등을 통해 구성원들과 신뢰에 기반한 수평적 관계를 형성하여 자발적으로 직무에 몰입할 수 있도록 돕는 과정을 의미한다. 코칭리더십은 구성원들과 상호 신뢰하는 인간관계를 맺는 것이 중요하다. 이 관계는 개방적인 특징을 가지고 있다.

조직 내에서 구성원들이 업무나 과제를 수행하는 과정에서 구성원들 상호 간의 관계가 성과에 영향을 미치기 때문에 무시할 수 없는 부분이다. 성과와 연관된 요인들 중 관계의 중요성이 점점 더 강조되고 있다. 따라서 구성원은 격려하고, 칭찬하며, 경청하고, 지지 함으로써 구성원들 간에 좋은 관계를 유지하는 것은 매우 중요하다. 이러한 관계는 대인관계지향적 특징을 가진다고 볼 수 있다.

모바일 기술은 역사적으로 개발도상국의 발전을 가로막았던 지리적, 사회경제적, 교육적, 문화적 장벽을 말 그대로 무너뜨리고 있다. 지금까지 Wireless Reach는 40개국 100개 이상의 프로젝트에 대해 450명 이상의 이해 관계자들과 협력했으며 거의 800만 명의 사람들에게 혜택을 주었다.

말레이시아에서는 퀄컴과 체리블레어 여성재단(Cherie Blair Foundation for Women), 튠톡 모바일 선불(Tune Talk Mobile Prepaid), 여성 교육 직업 훈련 재단(Foundation for Women's Education and Vocational Training) 등이 손잡고 여성기업 멘토링 프로그램을 통해 비즈니스 및 기술에 대한 여성의 기술과 지식을 향상시켰다.

이 프로그램은 여성 기업가들에게 힘을 주고 격려하는 멘토링 프로그램과 함께 참가자들에게 비즈니스 교육을 제공한다. 2014년 말까지 150명의 여성 창업자들이 ICT, 비즈니스, 영어 집중교육을 이수하고 태블릿과 데이터 요금제를 받았다.

이러한 퀄컴 사례는 다양한 국가의 다양한 프로그램으로 통해서 여성 기업가들에게 힘을 주고 격려함으로써 좋은 관계를 유지하여 좋은 성과를 내는 코칭리더십의 "관계"라는 하위요소를 보여주고 있다.

정리하면, 세부목표 [5.6 국제인구개발회의 행동계획과 베이징 행동강령 및 그 검토회의 결과문서에서 합의한 대로 성 및 임신보건과 임신에 대한 권리를 보편적으로 접근할 수 있도록 보장한다.]의 실현에 해당되는 P&G 사례와 세부목표 [5.b 여성의 권익신장을 위해 실용기술 특히, 정보통신 기술 이용을 증진시킨다.]의 실현에 해당되는 퀄컴 사례는 코칭리더십 관점에서 개인과 조직의 성과를 향상시키기 위해서 지속적인 대화를 통해 피드백을 주고 격려를 받게 하는 말과 행동의 과정으로, 조직의 리더가 구성원들과의 관계를 수평적으로 유지하며, 조직원들이 자신의 업무를 자발적으로 수행해 나가기 위해서 자신들의 숨겨진 잠재력을 극대화해 나가는 과정을 의미하며, 이러한 과정에서 구성원들 개개인의 특성을 이해하고 스스로 동기부여 할 수 있도록 도움으로써 조직의 당면과제를 해결하고, 성과를 내도록 영향력을 끼치는 코칭리더십을 발휘하고 있다.

(10) HYPE

2001년에 설립된 HYPE는 다임러크라이슬러의 자회사로서 시작되었다. HYPE는 혁신적인 소프트웨어에 초점을 맞추고 고객의 성공을 염두에 두고 그것을 구축하는 방법을 배웠다. 오늘날, HYPE는 그 분야의 리더들 중 한 명이다. 그리고 여기서부터 HYPE의 여정이 시작된다.

HYPE는 다음의 가치를 준수한다. 첫째, 고객 성공이다. HYPE는 다른 종류의 관계에서 다른 종류의 고객들에게 서비스를 제공한다. 어떤 이들은 파트너와 긴밀히 협력하는 것을 선호하지만, 다른 이들은 단순히 그 일에 가장 적합한 도구를 원할 수도 있다.

어느 쪽이든, 중요한 것은 그들이 필요로 하는 결과이다. 비록 그것이 HYPE가 미래의 성공을 억누르거나 막을 것이라는 것을 알고 있는 욕망에 반대해야 한다는 것을 의미한다고 해도. 이는 소프트웨어와 HYPE가 제공하는 서비스를 설계하고 구축하는 방법에 대한 기초다.

둘째, 성장 마인드셋이다. HYPE는 개인적이고 전문적인 성장을 위해 노력한다. HYPE는 오늘보다 나은 미래를 원한다. 그것이 궁극적으로 혁신이기 때문이다. 과거에 어떤 것이 효과가 있었다고 해서 더 나은 방법이 없다는 것을 의미하지는 않는다. 즉, 업무를 수행할 수 있는 새로운 방법을 적극적으로 찾고, 피벗하고, 변화하며, 어려운 과제를 해결하지 않는다.

셋째, 공감이다. HYPE는 호기심이 많고 공감한다. HYPE는 다른 사람들이 어떻게 생각하고 느끼는지 배우기를 열망한다. HYPE는 사람을 소중히 여기고 일 이외의 삶을 지원한다. HYPE는 사람들이 독특한 욕구를 가지고 있고, 다르게 느끼고, 같은 사실에 대해 다른 관점을 가지고 있다는 것을 이해한다.

HYPE는 이 다양성을 강점으로 받아들이고 포용을 추구한다. 이를 통해 탄생한 신뢰는 타협을 넘어 가치를 더하고 관련된 모든 사람을 존중하는 솔루션을 찾는 데 도움이 된다. 이것은 혁신의 핵심 요소다.

넷째, 지속가능성이다. 지속가능성은 사람, 지구, 그리고 이익이라는 똑같이 중요한 세 가지 기둥에 달려 있다. HYPE는 시간의 시련을 이겨내고 주변의 모든 사람들에게 긍정적인 영향을 주는 사업을 만들고 싶다. 이를 달성하고 장기적인 영향력을 키우려면 합리적인 수익을 내야 하지만, 그것은 목적을 위한 수단이지 궁극적인 목표가 아니다.

더 중요한 것은, 현상에 만족할 수 없고, 더 나은 내일을 향해 단계별로 계속 혁신해야 한다는 것이다. 이러한 가치를 가지고 있는 HYPE는 SDG 5에 대한 실천을 어떻게 하고 있는지 살펴보고자 한다.

SDG 5를 구현하기 위한 업계 및 개별 조직의 훌륭한 예가 많이 있다. HYPE도 다양한 방식으로 참여하고 있다. 가장 좋은 예는 HYPE의 지속가능성 및 사회적 영향 담당 책임자인 Sandra Fernholz와 Natalie Turner가 2년 전에 시작한 여성 혁신 이니셔티브로, 혁신 이니셔티브인 'Women in Innovation'은 더 많은 여성들이 이 분야에 진출하도록 장려하기 위해 혁신 주제에 대한 여성적 관점을 제공하는 시리즈이다.

Sandra Fernholz는 "우리에게 혁신은 미래를 함께 형성하는 것을 의미합니다. 더 좋고 공정한 미래입니다. 우리의 여성 혁신 이니셔티브로, 우리는 훨씬 더 많은 여성과 사람들에게 영감을 주고 혁신을 하고 싶습니다. 우리는 혁신 산업에서 헌신적이고 높은 자격을 갖춘 여성들을 역할 모델로 보여주고 싶습니다. 혁신 문제에 대한 우리의 여성 관점은 전 세계 여성들이 혁신을 계속 추진하도록 장려하고 미래 세대를 위한 기반을 마련하기 위해 고안되었습니다."

참가자들은 웹 세미나, 인터뷰 및 최고 수준의 패널 토론을 통해 혁신 역할에서 여성의 현재 주제와 과제, 그리고 이러한 역할을 개별적으로 인식하고 구체화하는 방법에 대해 주로 배운다. 2022 Women In Innovation 행사는 2022 세계 여성의 날의 공식 주제인 '편향을 깨다'라는 주제였다.

"왜 성차별적 편견과 고정관념에 대한 왜곡된 인식인 성 편견이 있고 이러한 편견이 우리의 행동에 어떻게 영향을 미치는가? 이러한 맥락에서 혁신을 위해 왜 여성들이 그렇게 중요한가?"라는 질문들에 대한 아를레트 팔라시오(SIP그룹 CEO), 파비엔 자케(비너스 지니어스 저자), 자넷 우도 (Access Bank Plc의 혁신 책임자이자 Africa Rising – Women in Innovation의 설립자), 세넬라 자야수리야 (Women Empowered Global, Diverse Consultants (Pvt) Ltd 및 WEG Global Academy의 설립자 겸 CEO), 산드라 페르난홀즈(HYPE Innovation의 사회적 영향 및 지속 가능성 책임자) 등 유명 연사와 여성 혁신 지지자들의 답변이 이어졌다.

사람들은 – 전통적으로 남성 – 혁신할 때 일종의 사각지대 를 만든다. 그러나 다양성의 필요성은 알려진 것 이상의 문 제를 해결하기 위해 필수적이다. 여성은 남성과 다른 세계 관을 갖고 있기 때문에 자연스럽게 테이블에 다양성을 가져 다 준다. 그 결과, 문제를 식별하고 적절한 해결책을 함께 찾는 것이 훨씬 쉬워졌다.

HYPE 사례는 코칭리더십의 "방향제시", "개발", "수행평 가", "관계"라는 하위요소를 너무나 잘 보여주고 있 다.

방향제시는 구성원들이 구체적인 목표를 스스로 설정해 나
　　갈 수 있도록 리더가 도와주는 과정을 의미한다. 코
　　칭리더십은 구성원들의 과제나 업무가 어떤 목표 혹
　　은 목적을 향하여 나아갈 수 있도록 방향을 제시하는
　　리더십을 의미한다.

코칭리더십에서 이러한 방향제시가 중요한 이유는 구성원들
　　이 성과를 내도록 영향력을 끼치는 과정에서 목표를
　　설정하는 것이 출발점이 되기 때문이다. 또한 이러한
　　방향제시는 구성원들의 개인적인 비전 혹은 업무와
　　연관된 조직의 비전과 연관되도록 하는 것이 효과적
　　이다. 따라서 코칭리더십의 방향제시라는 하위요소는
　　성과지향적 혹은 과업지향적 특성을 가진다고 볼 수
　　있다.

SDG 5를 구현하기 위한 업계 및 개별 조직의 훌륭한 예가
　　많이 있다. HYPE도 다양한 방식으로 참여하고 있다.
　　가장 좋은 예는 HYPE의 지속가능성 및 사회적 영향
　　담당 책임자인 Sandra Fernholz와 Natalie Turner

가 2년 전에 시작한 여성 혁신 이니셔티브로, 혁신 이니셔티브인 'Women in Innovation'은 더 많은 여성들이 이 분야에 진출하도록 장려하기 위해 혁신 주제에 대한 여성적 관점을 제공하는 시리즈이다.

Sandra Fernholz는 "우리에게 혁신은 미래를 함께 형성하는 것을 의미합니다. 더 좋고 공정한 미래입니다. 우리의 여성 혁신 이니셔티브로, 우리는 훨씬 더 많은 여성과 사람들에게 영감을 주고 혁신을 하고 싶습니다. 우리는 혁신 산업에서 헌신적이고 높은 자격을 갖춘 여성들을 역할 모델로 보여주고 싶습니다. 혁신 문제에 대한 우리의 여성 관점은 전 세계 여성들이 혁신을 계속 추진하도록 장려하고 미래 세대를 위한 기반을 마련하기 위해 고안되었습니다."

이러한 HYPE 사례는 혁신 이니셔티브인 'Women in Innovation'은 더 많은 여성들이 이 분야에 진출하도록 장려하기 위해 혁신 주제에 대한 여성적 관점을 제공함으로써 코칭리더십의 "방향제시"라는 하위요소를 보여주고 있다.

또한 개발은 구성원들에게 기회를 제공하여 학습할 수 있도록 도움으로써 스스로의 역량을 향상할 수 있도록 돕는 과정을 의미한다. 코칭리더십에서 가장 중요한 측면 중 하나는 구성원들의 지식, 기술, 역량, 태도 등을 향상할 수 있도록 돕는 과정인 개발이라는 하위요소이다.

이러한 지식, 기술, 역량, 태도 등의 향상은 성과를 향상시키는 것과 연결되어져야 한다. 이러한 측면에서 개발은 구성원을 육성하는 것과 연결되어진 개념이라고 볼 수 있다.

참가자들은 웹 세미나, 인터뷰 및 최고 수준의 패널 토론을 통해 혁신 역할에서 여성의 현재 주제와 과제, 그리고 이러한 역할을 개별적으로 인식하고 구체화하는 방법에 대해 주로 배운다. 2022의 Women In Innovation 행사는 2022 세계 여성의 날의 공식 주제인 '편향을 깨다'라는 주제였다.

"왜 성차별적 편견과 고정관념에 대한 왜곡된 인식인 성 편견이 있고 이러한 편견이 우리의 행동에 어떻게 영향을 미치는가? 이러한 맥락에서 혁신을 위해 왜 여성들이 그렇게 중요한가?"라는 질문들에 대한 아를레트 팔라시오(SIP그룹 CEO), 파비엔 자케(비너스 지니어스 저자), 자넷 우도(Access Bank Plc의 혁신 책임자이자 Africa Rising – Women in Innovation의 설립자), 세넬라 자야수리야(Women Empowered Global, Diverse Consultants (Pvt) Ltd 및 WEG Global Academy의 설립자 겸 CEO), 산드라 페르난홀즈(HYPE Innovation의 사회적 영향 및 지속 가능성 책임자) 등 유명 연사와 여성 혁신 지지자들의 답변이 이어졌다.

이러한 HYPE 사례는 웹 세미나, 인터뷰 및 최고 수준의 패널 토론을 통해 혁신 역할에서 여성의 현재 주제와 과제, 그리고 이러한 역할을 개별적으로 인식하고 구체화하는 방법에 대해 지식, 기술, 역량, 태도 등을 향상시키는 코칭리더십의 "개발"라는 하위요소를 너무나 잘 보여주고 있다.

더 나아가 수행평가는 피드백을 통해서 구성원들에게 책임을 부여하여, 자발적으로 직무를 수행하도록 돕고, 그 결과를 공정하게 평가하는 과정을 의미한다. 코칭리더십의 또 다른 중요한 하위요소는 구성원들이 수행한 과제나 업무에 대해서 스스로 책임을 지도록 도우며, 그 결과를 공정하고 정확하게 평가하는 수행평가이다.

이러한 수행평가는 피드백을 수반한다. 구성원들이 과업을 수행하는 데 있어서 어느 정도의 단계에 위치해 있는지 혹은 그 과업의 수행 결과가 어디에 위치해 있는지를 피드백함으로써 구성원들을 성장시키는 데 수행평가의 목적이 있다.

2022 Women In Innovation 행사는 2022 세계 여성의 날의 공식 주제인 '편향을 깨다'라는 주제였다.

"왜 성차별적 편견과 고정관념에 대한 왜곡된 인식인 성 편견이 있고 이러한 편견이 우리의 행동에 어떻게 영향을 미치는가? 이러한 맥락에서 혁신을 위해 왜 여성들이 그렇게 중요한가?"라는 질문들에 대한 아를레트 팔라시오(SIP그룹 CEO), 파비엔 자케(비너스 지니어스 저자), 자넷 우도(Access Bank Plc의 혁신 책임 자이자 Africa Rising – Women in Innovation의 설립자), 세넬라 자야수리야(Women Empowered Global, Diverse Consultants (Pvt) Ltd 및 WEG Global Academy의 설립자 겸 CEO), 산드라 페르 난홀즈(HYPE Innovation의 사회적 영향 및 지속 가 능성 책임자) 등 유명 연사와 여성 혁신 지지자들의 답변이 이어졌다.

사람들은 – 전통적으로 남성 – 혁신할 때 일종의 사각지대를 만든다. 그러나 다양성의 필요성은 알려진 것 이상의 문제를 해결하기 위해 필수적이다. 여성은 남성과 다른 세계관을 갖고 있기 때문에 자연스럽게 테이블에 다양성을 가져다 준다. 그 결과, 문제를 식별하고 적절한 해결책을 함께 찾는 것이 훨씬 쉬워졌다.

이러한 HYPE 사례는 2022 Women In Innovation 행사는 2022 세계 여성의 날의 공식 주제인 '편향을 깨다'라는 주제를 통해서 SDG 5의 과업을 수행하는 데 있어서 어느 정도의 단계에 위치해 있는지 혹은 그 과업의 수행 결과가 어디에 위치해 있는지를 피드백 함으로써 구성원들을 성장시키는 코칭리더십의 "수행 평가"라는 하위요소를 보여주고 있다.

또한 관계는 격려, 칭찬, 지지 등을 통해 구성원들과 신뢰에 기반한 수평적 관계를 형성하여 자발적으로 직무에 몰입할 수 있도록 돕는 과정을 의미한다. 코칭리더십은 구성원들과 상호 신뢰하는 인간관계를 맺는 것이 중요하다. 이 관계는 개방적인 특징을 가지고 있다.

조직 내에서 구성원들이 업무나 과제를 수행하는 과정에서 구성원들 상호 간의 관계가 성과에 영향을 미치기 때문에 무시할 수 없는 부분이다. 성과와 연관된 요인들 중 관계의 중요성이 점점 더 강조되고 있다. 따라서 구성원은 격려하고, 칭찬하며, 경청하고, 지지 함으로써 구성원들 간에 좋은 관계를 유지하는 것은 매우 중요하다. 이러한 관계는 대인관계지향적 특징을

가진다고 볼 수 있다.

2022 Women In Innovation 행사는 2022 세계 여성의 날의 공식 주제인 '편향을 깨다'라는 주제였다.

"왜 성차별적 편견과 고정관념에 대한 왜곡된 인식인 성 편견이 있고 이러한 편견이 우리의 행동에 어떻게 영향을 미치는가? 이러한 맥락에서 혁신을 위해 왜 여성들이 그렇게 중요한가?"라는 질문들에 대한 아를레트 팔라시오(SIP그룹 CEO), 파비엔 자케(비너스 지니어스 저자), 자넷 우도(Access Bank Plc의 혁신 책임자이자 Africa Rising – Women in Innovation의 설립자), 세넬라 자야수리야(Women Empowered Global, Diverse Consultants (Pvt) Ltd 및 WEG Global Academy의 설립자 겸 CEO), 산드라 페르난홀즈(HYPE Innovation의 사회적 영향 및 지속 가능성 책임자) 등 유명 연사와 여성 혁신 지지자들의 답변이 이어졌다.

이러한 HYPE 사례는 2022 Women In Innovation 행사

와 같은 활동을 통해서 다양한 구성원들이 서로 격려하고, 칭찬하며, 경청하고, 지지함으로써 구성원들 간에 좋은 관계를 유지하는 코칭리더십의 "관계"라는 하위요소를 보여주고 있다.

정리하면, HYPE 사례는 코칭리더십 관점에서 개인과 조직의 성과를 향상시키기 위해서 지속적인 대화를 통해 피드백을 주고 격려를 받게 하는 말과 행동의 과정으로, 조직의 리더가 구성원들과의 관계를 수평적으로 유지하며, 조직원들이 자신의 업무를 자발적으로 수행해 나가기 위해서 자신들의 숨겨진 잠재력을 극대화해 나가는 과정을 의미하며, 이러한 과정에서 구성원들 개개인의 특성을 이해하고 스스로 동기부여 할 수 있도록 도움으로써 조직의 당면과제를 해결하고, 성과를 내도록 영향력을 끼치는 코칭리더십을 발휘하고 있다.

(11) 이베르드롤라

이베르드롤라는 양성평등과 모든 소녀와 여성의 권한 부여를 위해 유엔이 정한 목표를 달성하기 위해 확고히 전념하고 있다. 이베르드롤라는 2021년 블룸버그 양성평등지수(Bloomberg Gender-Equality Index)에 따라 4년 연속 동등한 기회와 성별 정책을 인정받았다.

양성평등을 위한 이베르드롤라의 공헌을 정리하면 다음과 같다. 평등한 기회, 차별 없는 그리고 다양성에 대한 존중 등을 바탕으로 노동 관계의 유리한 틀을 유지하기 위해 공헌한다. 남녀 임금의 평등을 추구하고, 남녀 모두에 대한 급여 검토의 공통 기준을 가지고 동일 직종에 대한 동일 보수를 받는다.

이베르드롤라는 오늘날 남성의 평균 총 보수는 여성보다 높지 않으며, 2025년까지 임금 격차를 2% 미만으로 줄일 계획이다. 이 회사는 또한 여성 임원 수를 현재 21.5%에서 2022년에는 25%로, 2025년에는 30%로 늘리는 것을 목표로 고위직의 여성 비율을 늘리겠다고 약속했다.

특히 여성 스포츠 진흥 및 발전을 위한 여성 유니버스 프로그램을 확대하였다. 이베르드롤라는 직원들이 일과 가정생활 사이에서 건강한 균형을 이루도록 격려하며 이 분야에 스페인 기업의 선두에 서 있다. 이베르드롤라는 이사회에서 여성의 지위 측면에서 Ibex 35의 벤치마크 회사이다.

2020년에 첫 번째 다양성 및 포함 보고서는 회사의 사회적 배당에 기여하고 보다 공정하고 평등한 사회로 나아가는 것을 목표로 출판되었다. 2019년 이베르드롤라는 유엔 여성 권한 부여 원칙을 채택했다. 2021년 블룸버그 양성평등지수에 따라 4년 연속 동등한 기회와 성 정책을 인정받았다. Neoenergia 그룹 디스트리뷰터인 Elektro는 라틴 아메리카에서 일하기 가장 좋은 회사라는 타이틀을 받았으며, GPTW(Great Place to Work)에서 4년 연속 수상했다.

효과적인 양성평등을 위한 행동

2021년 이베르드롤라에서 공식화된 계약 중 거의 절반이

30세 미만의 여성을 위한 것이었다. 지금까지의 진전은 상당하지만, 이베르드롤라의 목표는 회사 안팎에서 평등한 국제적 기준이 되기 위해 계속 전진하는 것이다. 이베르드롤라 그룹은 인적 자원을 최고의 자산이자 성공의 열쇠로 확고히 약속하고 있으며, 직원들의 직업적 우수성과 삶의 질에 전념하는 사회적 모델을 확고히 지지하고 있습니다.

이러한 모든 이유로, 이베르드롤라의 기업 정책은 평등한 기회, 차별 없는 그리고 다양성에 대한 존중을 기반으로 노동 관계를 위한 유리한 틀을 만드는 데 초점을 맞추고 있다. Ignacio S. Galán, 이베르드롤라 회장은 "우리 회사에서는 기회 균등이 현실입니다. 우리는 성별이 아니라 능력에 대해 이야기해야 한다"고 언급했다.

남녀 간의 효과적인 평등은 평등, 다양성 및 포용 정책에 명시된 이베르드롤라의 핵심 가치의 일부를 형성한다. 이를 최대한 구현하기 위해 회사는 모든 국가에서 다양한 이니셔티브를 시작했다.

Iberdrola Corporate Governance System은 고용 및 선

발, 급여 조건, 훈련 및 전문성 개발, 커뮤니케이션의 네 가지 경영 분야에서 양성평등에 대한 약속의 기초인 기회 균등에 대한 회사의 확고한 의지를 표현하며, 이를 6가지 행동 영역으로 나눈다.

☑ 이베르드롤라 내부와 외부의 평등을 촉진한다.

☑ 불평등을 시정하기 위한 긍정적인 조치들을 도입한다.

☑ 여성들이 모든 상담과 의사 결정 영역에 참여하도록 보장한다.

☑ 여성의 경력에 대한 장애물을 제거한다.

☑ 필요한 자격을 갖춘 여성의 과소대표를 바로잡기 위한 메커니즘을 강화한다.

☑ 성별 관점에서 워라밸과 유연성 측정하고 육성한다.

그룹 차원에서 이베르드롤라는 강력하고 개방적이며 경쟁력 있는 유럽연합을 만드는 정책을 설계하고 방어하기 위한 목적으로 유럽 다국적 기업의 50명의 대통령과 CEO가 모이는 공동체 차원의 이니셔티브인 유럽 라운드 테이블(European Round Table)의 회원이다.

이 이니셔티브 내에서, 이베르드롤라는 연합의 가장 가치있는 자원인 국민과 관련된 문제에 초점을 맞춘 사회적 변화에 관한 작업 그룹에서 협력한다. 그것의 네 가지 행동 영역 중 하나는 여성들을 지도자로 승진시키는 것이다. 2019년에는 UN Women에 가입하여 여성과 남성의 평등 발전을 지원하는 새로운 창을 열었다.

마찬가지로, 2020년에 회사는 사상 최초로 Diversity and Inclusion 보고서를 발행했다. 이 보고서에서는 회사 내에서 그리고 이해관계자와의 관계에서 다양하고 공정하며 평등한 작업 환경을 조성하기 위해 수행되고 있는 이니셔티브를 설명한다. 2022년까지 전체 관리직의 25%를 여성으로 채우고, 2025년까지 30%까지 끌어올린다는 목표를 달성할 계획이다. 또한 남성과 여성에게 동일한 급여를 계속 지급할 것이다.

이베르드롤라 스페인의 활동

☑ 제7차 단체협약에는 노동관계 평등계획(선발, 훈련, 승진, 보수 등)이 반영돼 있다.

☑ 스페인 대기업 임원 60명이 회사의 다양성 정책을 추진하기 위해 헌신한 Alianza #CEOPorLaDiversidad 이니셔티브의 회원가입했다.

☑ 이베르드롤라가 내무부와 함께 수행한 캠페인에 기반한 자원봉사 활동 "우리는 모두 성폭력과의 싸움에 참여한다: 다른 곳을 보지 마라"를 수행하고 있다.

☑ UCM(Universidad Complutense de Madrid: 마드리드 콤플루텐세 대학교)과의 Commitment to Equality 행사를 후원하고 있다.

☑ 다양성 헌장과의 협력하고 있다.

☑ 여성 스포츠에 협찬하고 있다.

☑ The Mujeres que Brillan Awards 수상했다.

이베르드롤라 영국

☑ 임금격차를 설명하는 보고서인 성별 임금격차(Gender Pay Gap)를 출간하였다. 또 ScottishPower는 2022년까지 중간관리직 여성 40% 초과, 고위관리직 여성 30% 초과 목표를 세웠다.

☑ 여성복귀자(Women Returner) 프로그램은 2년 이상 활동하지 않은 STEM 자격을 갖춘 여성 직원을 대상으로 종합적인 지원을 제공하기 위해 Equate Scotland와 협업해 출범했다.

☑ 출산휴가를 앞두고 있거나 출산휴가를 마치고 돌아오는 여성들을 위한 코칭 프로그램이 개발되고 있어 실질적인 지원이 여성과 관리자 모두를 위한 개인적, 정서적, 전문적 지원과 결합될 수 있고, 자신의 경력진행에서 참여자들의

잠재력을 극대화하기 위한 훈련이 이루어지고 있다.

☑ 영국 에너지 산업의 고위 및 중간 관리 수준에서 여성의 수를 증가시키기 위한 성 다양성에 관한 새로운 연합의 회원 가입하였다.

☑ 모든 직무 설명에서 후보자, 성별 인터뷰 및 성별 디코딩에 대한 균형 잡힌 리스트를 작성하였다.

☑ 스포츠에서 여성을 지원하기 위해 스코틀랜드와 웨일스 럭비와 협력하고 있다.

☑ 영국 에너지 부문의 주요 집행 이사 중 8명으로 구성된 에너지 리더 연합의 창립 파트너는 그들의 회사와 부문 전체의 성별 다양성을 개선하기 위해 공개 성명을 통해 통합되었다.

☑ ScottishPower는 또한 이 분야의 미래 전문가들에게 영감, 지원 및 개발을 제공하는 기술과 공학 분야의 여성들을 위한 전문 네트워크인 WES(Women's Engineering

Society)의 회원이다.

☑ 젊은 여성들을 대학의 STEM 과정에 끌어들이기 위해 여학생들이 과학 분야의 직업을 선택하도록 장려하기 위해 두 스코틀랜드 단체와 공동으로 행사를 조직한다.

☑ 에너지 분야의 다양성을 촉진하는 단체인 파워풀 우먼 (PfW: POWERful Women)의 회원으로 활동하고 있다.

이베르드롤라 미국

☑ 회사의 미래 리더를 양성하기 위한 실행 계획을 통해 AVANGRID의 여성의 재능을 발견하고 힘을 실어주는 WomENERGY 프로그램을 포함하여 다양성 증진을 위한 지역 대학 및 단체와의 협업하였다. 2020년 미국 계열사의 고위 관리직 중 40% 이상이 여성이었다.

이베르드롤라 브라질

☑ 오늘날 여성들의 투쟁과 성과를 분석한 엠포데레-세

(Empodere-se) 여성역량강화회의 조직과 Neoenergia 직원들이 내부 캠페인에 참여하는 것 외에도 여성의 날을 기념하기 위한 Estrelas 행사도 열렸다.

☑ Escola de Eletricistas는 성별 균형을 개선하기 위해 여성을 전기 시장으로 끌어들이는 것을 목표로 한다. 이 계획은 2020년 여성들에게 권한을 부여하는 좋은 사업 관행으로 유엔 양성평등 추진 프로그램인 WeEmpower에 의해 인정되었다.

☑ 공동 작업자 및 손님과의 대화를 통해 상징적인 날짜에 여성 권한 부여 및 인종 차별에 대해 이야기하고 있다.

이베르드롤라 멕시코

☑ 출산과 새로운 버전의 Women with Energy 포럼을 결합하기 위한 조치는 다양성, 특히 관리직 여성의 존재, 조직에 존재하는 다양성에 초점을 맞춘 커뮤니케이션 이니셔티브와 같은 주제를 다루는 이벤트다.

평등한 기회와 무차별에 대한 이베르드롤라 그룹의 기여는 최근 국제적으로 인정받고 있다. 블룸버그 양성평등지수 (Bloomberg Gender-Equality Index)에 5년 연속 포함됐다. 이베르드롤라는 성 문제에 대한 정보의 투명성과 여성과 남성 간의 평등 발전에 헌신하는 우등 기업 중 하나다.

이베르드롤라는 출산휴가 중 급여 100% 지급, 출산 15일 전 유급휴가, 아이가 만 1세가 될 때까지 임금 감면 없이 근로시간을 5시간으로 탄력적으로 줄이고, 직업 훈련에 대한 접근이 허용되는 최대 4년간 무급휴가를 주는 등 일과 삶의 균형을 도모하기 위한 70여가지 방안을 갖고 있다.

또한, 스페인에서는 집중 근무일이 보편화되었으며, 어린이를 위한 교육 과정 외에도 학습하지 않는 날에 직원들에게 선택권이 제공된다. '이베르드롤라 부모학교'는 또한 직원들에게 자녀와 함께 다양한 프로그램에 참여할 수 있는 기회를 계속 제공하고 있으며, 직원들의 자녀들을 위한 여름 캠프도 제공하고 있다.

영국에서 ScottishPower는 작업 공간 디자인을 업그레이드하여 다양한 작업 방식을 제공한다. 또한 근로자들은 사무실 안이나 밖에서 가장 일하기 좋은 장소를 자유롭게 선택할 수 있다. 브라질에서 야근을 통제하기 위해 하루 8시간 근무 후 직원들에게 경고하고 일정 시간 근무 후 조명과 에어컨을 끄는 시스템이 구축됐다.

일부 기업도 시간표가 유동적이어서 출산휴가가 법으로 보장된 것보다 2개월 많은 6개월로 연장됐다. 멕시코에서는 출산 휴가가 84일 동안 지속된다. 이 기간이 끝나면 근로자는 휴가를 받을 권리가 있으며, 출산을 위한 특별 근무 시간뿐만 아니라 일자리도 열려 있다.

이베르드롤라 사례는 코칭리더십의 "방향제시", "개발", "수행평가", "관계"라는 하위요소를 잘 보여주고 있다.

방향제시는 구성원들이 구체적인 목표를 스스로 설정해 나갈 수 있도록 리더가 도와주는 과정을 의미한다. 코칭리더십은 구성원들의 과제나 업무가 어떤 목표 혹은 목적을 향하여 나아갈 수 있도록 방향을 제시하는 리더십을 의미한다.

코칭리더십에서 이러한 방향제시가 중요한 이유는 구성원들이 성과를 내도록 영향력을 끼치는 과정에서 목표를 설정하는 것이 출발점이 되기 때문이다. 또한 이러한 방향제시는 구성원들의 개인적인 비전 혹은 업무와 연관된 조직의 비전과 연관되도록 하는 것이 효과적이다. 따라서 코칭리더십의 방향제시라는 하위요소는 성과지향적 혹은 과업지향적 특성을 가진다고 볼 수 있다.

이베르드롤라는 양성평등과 모든 소녀와 여성의 권한 부여를 위해 유엔이 정한 목표를 달성하기 위해 확고히 전념하고 있다. 이베르드롤라는 2021년 블룸버그 양성평등지수(Bloomberg Gender-Equality Index)에 따라 4년 연속 동등한 기회와 성별 정책을 인정받았다.

이러한 이베르드롤라 사례는 양성평등과 모든 소녀와 여성의 권한 부여를 위해 유엔이 정한 목표를 달성하기 위해 확고히 전념함으로써 코칭리더십의 "방향제시"라는 하위요소를 보여주고 있다.

이러한 이베르드롤라의 방향제시의 결과로 이베르드롤라는
블룸버그　　　　　양성평등지수　　　　　(Bloomberg
Gender-Equality Index)에 따라 4년 연속 동등한
기회와 성별 정책을 인정받았다. 또한 평등한 기회,
차별 없는 그리고 다양성에 대한 존중 등을 바탕으로
노동 관계의 유리한 틀을 유지하기 위해 공헌했다.
남녀 임금의 평등을 추구하고, 남녀 모두에 대한 급
여 검토의 공통 기준을 가지고 동일 직종에 대한 동
일 보수를 받는다.

또한 개발은 구성원들에게 기회를 제공하여 학습할 수 있도
록 도움으로써 스스로의 역량을 향상할 수 있도록 돕
는 과정을 의미한다. 코칭리더십에서 가장 중요한 측
면 중 하나는 구성원들의 지식, 기술, 역량, 태도 등
을 향상할 수 있도록 돕는 과정인 개발이라는 하위요
소이다.

이러한 지식, 기술, 역량, 태도 등의 향상은 성과를 향상시

키는 것과 연결되어져야 한다. 이러한 측면에서 개발은 구성원을 육성하는 것과 연결되어진 개념이라고 볼 수 있다.

특히 여성 스포츠 진흥 및 발전을 위한 여성 유니버스 프로그램을 확대하였다. 이베르드롤라는 직원들이 일과 가정생활 사이에서 건강한 균형을 이루도록 격려하며 이 분야에 스페인 기업의 선두에 서 있다. 이베르드롤라는 이사회에서 여성의 지위 측면에서 Ibex 35의 벤치마크 회사이다.

이러한 이베르드롤라 사례는 여성 스포츠 진흥 및 발전을 위한 여성 유니버스 프로그램을 확대를 통해 이베르드롤라는 직원들이 일과 가정생활 사이에서 건강한 균형을 이루도록 격려하며 이 분야에 관한 지식, 기술, 역량, 태도 등을 향상시키는 코칭리더십의 "개발"이라는 하위요소를 너무나 잘 보여주고 있다.

더 나아가 수행평가는 피드백을 통해서 구성원들에게 책임을 부여하여, 자발적으로 직무를 수행하도록 돕고, 그 결과를 공정하게 평가하는 과정을 의미한다. 코칭리더십의 또 다른 중요한 하위요소는 구성원들이 수행한 과제나 업무에 대해서 스스로 책임을 지도록 도우며, 그 결과를 공정하고 정확하게 평가하는 수행평가이다.

이러한 수행평가는 피드백을 수반한다. 구성원들이 과업을 수행하는 데 있어서 어느 정도의 단계에 위치해 있는지 혹은 그 과업의 수행 결과가 어디에 위치해 있는지를 피드백함으로써 구성원들을 성장시키는 데 수행평가의 목적이 있다.

이베르드롤라는 양성평등과 모든 소녀와 여성의 권한 부여를 위해 유엔이 정한 목표를 달성하기 위해 확고히 전념하고 있다. 이베르드롤라는 2021년 블룸버그 양성평등지수(Bloomberg Gender-Equality Index)에 따라 4년 연속 동등한 기회와 성별 정책을 인정받았다.

2020년에 첫 번째 다양성 및 포함 보고서는 회사의 사회적 배당에 기여하고 보다 공정하고 평등한 사회로 나아가는 것을 목표로 출판되었다. 2019년 이베르드롤라는 유엔 여성 권한 부여 원칙을 채택했다. 2021년 블룸버그 양성평등지수에 따라 4년 연속 동등한 기회와 성 정책을 인정받았다. Neoenergia 그룹 디스트리뷰터인 Elektro는 라틴 아메리카에서 일하기 가장 좋은 회사라는 타이틀을 받았으며, GPTW(Great Place to Work)에서 4년 연속 수상했다.

2021년 이베르드롤라에서 공식화된 계약 중 거의 절반이 30세 미만의 여성을 위한 것이었다. 지금까지의 진전은 상당하지만, 이베르드롤라의 목표는 회사 안팎에서 평등한 국제적 기준이 되기 위해 계속 전진하는 것이다. 이베르드롤라 그룹은 인적 자원을 최고의 자산이자 성공의 열쇠로 확고히 약속하고 있으며, 직원들의 직업적 우수성과 삶의 질에 전념하는 사회적 모델을 확고히 지지하고 있습니다.

이러한 이베르드롤라 사례는 2021년 블룸버그 양성평등지수(Bloomberg Gender-Equality Index)에 따라 4년 연속 동등한 기회와 성별 정책을 인정받았고,

Neoenergia 그룹 디스트리뷰터인 Elektro는 라틴 아메리카에서 일하기 가장 좋은 회사라는 타이틀을 받았으며, GPTW(Great Place to Work)에서 4년 연속 수상함을 통해서 SDG 5의 과업을 수행하는 데 있어서 어느 정도의 단계에 위치해 있는지 혹은 그 과업의 수행 결과가 어디에 위치해 있는지를 피드백함으로써 구성원들을 성장시키는 코칭리더십의 "수행평가"라는 하위요소를 보여주고 있다.

또한 관계는 격려, 칭찬, 지지 등을 통해 구성원들과 신뢰에 기반한 수평적 관계를 형성하여 자발적으로 직무에 몰입할 수 있도록 돕는 과정을 의미한다. 코칭리더십은 구성원들과 상호 신뢰하는 인간관계를 맺는 것이 중요하다. 이 관계는 개방적인 특징을 가지고 있다.

조직 내에서 구성원들이 업무나 과제를 수행하는 과정에서 구성원들 상호 간의 관계가 성과에 영향을 미치기 때문에 무시할 수 없는 부분이다. 성과와 연관된 요인들 중 관계의 중요성이 점점 더 강조되고 있다. 따라서 구성원은 격려하고, 칭찬하며, 경청하고, 지지 함으로써 구성원들 간에 좋은 관계를 유지하는 것은 매우 중요하다. 이러한 관계는 대인관계지향적 특징을 가진다고 볼 수 있다.

남녀 간의 효과적인 평등은 평등, 다양성 및 포용 정책에 명시된 이베르드롤라의 핵심 가치의 일부를 형성한다. 이를 최대한 구현하기 위해 회사는 모든 국가에서 다양한 이니셔티브를 시작했다.

그룹 차원에서 이베르드롤라는 강력하고 개방적이며 경쟁력 있는 유럽연합을 만드는 정책을 설계하고 방어하기 위한 목적으로 유럽 다국적 기업의 50명의 대통령과 CEO가 모이는 공동체 차원의 이니셔티브인 유럽 라운드 테이블(European Round Table)의 회원이다.

이러한 이베르드롤라 사례는 이베르드롤라 스페인, 영국, 미국, 브라질, 멕시코 등의 각국에서 서로 격려하고, 칭찬하며, 경청하고, 지지함으로써 구성원들 간에 좋은 관계를 유지함으로써 좋은 성과를 내는 코칭리더십의

"관계"라는 하위요소를 보여주고 있다.

정리하면, 이베르드롤라 사례는 코칭리더십 관점에서 개인과 조직의 성과를 향상시키기 위해서 지속적인 대화를 통해 피드백을 주고 격려를 받게 하는 말과 행동의 과정으로, 조직의 리더가 구성원들과의 관계를 수평적으로 유지하며, 조직원들이 자신의 업무를 자발적으로 수행해 나가기 위해서 자신들의 숨겨진 잠재력을 극대화해 나가는 과정을 의미하며, 이러한 과정에서 구성원들 개개인의 특성을 이해하고 스스로 동기부여 할 수 있도록 도움으로써 조직의 당면과제를 해결하고, 성과를 내도록 영향력을 끼치는 코칭리더십을 발휘하고 있다.

3) NGO 단체 - ONE GIRL CAN 사례

원걸캔은 캐나다와 케냐의 등록된 자선단체로 빈곤의 고리를 끊고 교육과 멘토링을 통해 양성평등을 이루기 위해 노력하고 있다. 이 단체의 독특한 전체론적 모델은 초등학교를 졸업할 때부터 의미 있는 직업을 얻는 날까지 소녀에게 힘을 실어준다. 원걸캔은 롯데 데이비스에 의해 2008년에 설립되었다.

아파르트헤이트 시대 동안 남아프리카에서 자라면서, 그녀는 흑인에 대한 학대의 유산에 대해 뼈저리게 깨닫게 되었다. 나중에 그녀가 캐나다로 이주했을 때, 그녀는 차별이 피부색에만 국한되지 않는다는 것을 알아차렸다. 여성들도 열등하다고 여겨졌고 단지 그들이 수입을 얻을 수 있는 기회가 너무 적다는 이유만으로 그들의 잠재력을 성취하는 것을 종종 박탈당했다.

그녀는 소녀들이 교육을 받을 때, 그들은 경력을 쌓고, 재정적으로 독립하며, 적극적인 의사 결정자가 되고, 가족과 지역사회에 환원할 수 있는 능력을 가지고 있다는 것을 직접 배웠다. 원걸캔은 성 불평등을 완화하기 위해 유기적으로 상호 연결되는 세 가지 기둥을 기반으로 한다. "우리는 건설한다. 우리는 교육한다. 우리는 멘토입니다."이다.

우리는 건설한다 - 130개 건물 건설

이 모든 것은 케냐에서 가장 소외된 지역에 여학교를 짓고 보수하는 것으로부터 시작되었는데, 그 곳에서는 모든 학교에서 과밀 교실과 악화되는 시설이 만연해 있었다. 설립자 롯데는 4년 동안 5개의 학교를 지은 후, 안전한 학습 환경이 여아들의 교육을 지원하는 데 필수적이지만, 그것이 성 불평등에 영향을 미치기에는 충분하지 않을 것이라는 것을 깨달았다.

우리는 교육한다 - 628명 고등학교 장학금, 373명 대학교 장학금

초등학교 이상의 교육을 위한 등록금은 종종 극심한 빈곤에

살고 있는 대부분의 가족들에게 감당할 수 없거나 부담이 된다. 스트레스를 완화하기 위해 2013년에 파트너 학교에서 지원이 필요한 가장 총명하고 결단력 있는 여학생을 위한 장학금 프로그램을 개발했다. 고등학교 14개, 대학교 2개 장학금으로 시작했는데, 현재 고등학생 628명, 대학생 373명이 '원걸캔 장학금' 혜택을 받았다.

우리는 멘토이다 - 10,000명의 소녀들이 매년 멘토링을 받고 있다

소녀들은 만약 그들이 진정으로 독립적이고 평등해지려면 그들의 자신감을 쌓고, 목표 설정, 경력 개발, 그리고 리더십에 대해 배우기 위해 역할 모델, 멘토, 그리고 구체적인 지도가 필요하다. 2014년, 원걸캔은 고등학교의 각 학년을 위한 90분짜리 공식 워크샵 시리즈와 매년 나이로비에 있는 대학에서 리더십 컨퍼런스를 설계했다. 매년 10,000명의 소녀들이 이 워크샵에서 영감을 받고 지도를 받는다.

기업가정신 트레이닝 아카데미

케냐에서는 실업률이 높은 젊은 여성들이 졸업 후 의미 있는 일을 찾는 것을 어렵게 만든다. 원걸캔이 Sauder School of Business 사회적 기업가정신 프로그램 (SSE-Kenya)과 파트너십을 맺고 기업가 훈련 아카데미를 만든 이유다.

세계은행이 케냐가 새로운 일자리의 가장 큰 원천 중 하나라고 보고함에 따라 기업가정신 교육은 케냐의 실업률을 줄이는 데 매우 중요하다. 이런 혁신교육은 고등학생과 대학생에게 소규모 벤처창업의 초석을 가르치는 맞춤형 프로그램이다. 기업가 훈련 아카데미는 특정 분야를 전문으로 하는 국내 과목 전문가와 국제 자원봉사자들에 의해 가르친다.

그들은 학생들이 새로운 사업을 시작하는 동안 지속적인 멘토링과 지도를 제공한다. 매년, UBC Sauder School of Business는 원걸캔과 협력하여 케냐의 취약 지역에서 학생들의 생활을 개선하고 실업률을 줄이는 데 도움이 되는 중요한 비즈니스 도구와 지식을 제공할 것이다.

권한 부여의 서클

원걸캔은 소녀들과 함께 하는 일은 교육에 대한 접근을 제공하는 것으로 끝나지 않는다. 원걸캔은 소녀들이 의미 있는 경력을 쌓을 때까지 코칭과 훈련을 통해 지원하기 위해 그곳에 있다. 그리고 졸업 후, 원걸캔 프로그램의 소녀들은 멘토가 된다. 이것은 사회 전반에 파급 효과를 일으키고 궁극적으로 원걸캔을 가장 소외된 지역의 빈곤과 성 불평등을 종식시키는 데 더 가까이 가게 한다.

[그림: 권한 부여의 서클]

기업가정신 교육의 영향

기업가정신 훈련은 또한 여성들이 가난에서 벗어나는 데 필요한 자원을 제공하면서 여성들을 위한 재정적 독립성을 창출하는 데 핵심이다. 여성들이 재정적으로 독립할 때, 그들은 그들의 수입을 지역 사회에 재투자할 수 있고, 지역 경제를 발전시키는데 도움을 줄 수 있다. 여성은 일할 때 소득의 90%를 가족과 지역사회에 다시 투자하는데 비해 남성은 35%다.

교육의 결과는 다음과 같다.

☑ 학생들은 소기업 창업으로 사업계획을 수립하고 시장에 내놓는다.

☑ 학생들은 경제적으로 힘을 얻고, 재정적으로 독립하며, 그들의 수입을 그들의 가족과 지역사회에 다시 기부한다.

☑ 학생들은 학습을 가속화하고, 이력서를 강화하며, 미래의 고용을 위해 시장성을 높이는 중요한 비즈니스 기술을 개발한다.

모범을 보이다

이제 원걸캔은 샤말라 고팔란 해리스의 인용구에 매우 익숙해졌다. "여러분은 처음일 수도 있지만, 마지막이 되지 않도록 하세요." 그녀는 미국의 첫 여성 부통령으로서 역사를 만드는 그녀의 딸 카말라에게 그 조언을 해주었다. 안나스타시아는 그녀의 가족 중 처음으로 대학에 다니고 졸업한 사람이 되기 때문에 그 충고를 따르기를 희망한다.

7명의 아이들 중 한 명으로서, 기본 생필품을 위한 돈 조차도 종종 어려웠다. 그 결과 안나스타시아의 두 언니는 고등학교를 마치기 전에 학교를 중퇴하고 결혼을 하게 되었다. 돌아가신 이모의 도움으로, 그녀의 오빠는 고등학교를 마칠 수 있었다. 그는 생계를 위해 작은 사업을 시작했다.

그는 안나스타시아에게 집을 주었고 초등학교와 중학교 교육을 통해 그녀를 지원했다. 2016년 고등학교를 졸업한 후, 그녀는 원걸캔 대학 장학금을 받았다. "여러분의 지원을 통해 저는 우리 커뮤니티에서 훌륭한 역할 모델이 되었습니다."라고 그녀는 말했다. "대학에 다닌 적이 있는 유일한 소녀입니다." 그녀는 마사이 마라 대학을 우등으로 졸업했다.

성공을 위한 결심

안나스타시아가 2016년에 처음으로 대학 장학금을 신청했을 때 잠재력이 풍부하다는 것을 알았다. 2년 후, 그녀는 원걸캔에서 가장 향상된 학생상을 수상했고, 다음 해에는 최고의 커뮤니케이션 상을 수상했다. 대학 3학년 때 인턴십을 얻은 안나스타시아는 졸업 후 취업 준비를 하면서 이 경험의 중요성을 이해했다.

전 세계적으로, 인턴십을 마친 후 최근 졸업생들에게 제공되는 일자리는 16% 증가한다. 게다가, 2/3의 고용주는 이전에 일한 경험이 있는 지원자를 고용하려고 한다. 아나스타시아는 힘든 일에 익숙하다. 그녀는 이미 자신의 야망과 학위를 손에 쥐고 경력을 시작하는 길에 있다. "저는 이제 세계를 정복하고 제 꿈을 이루기로 결심했습니다."

마지막이 아니다

그녀가 가족 중 처음으로 대학을 졸업했지만, 안나스타시아
는 그녀가 마지막이 되지 않을 것이라는 것을 증명하기 위
해 나왔다. "이 직업으로, 저는 부패를 억제하고 싶습니다.
이것은 우리 가족뿐만 아니라 사회 전체의 수준을 높이는
데 도움이 될 것입니다. 특히 불우한 소녀들을 도와 원걸캔
커뮤니티에 보답하고 싶습니다."

그 기회를 고맙게 생각하고 알았기 때문에, 원걸캔은 안나
스타시아가 그녀가 하고자 하는 일은 무엇이든 이룰 것이라
는 것을 알고 있다. "저는 변화가 되어 저와 같은 다른 소
녀들이 꿈을 이루도록 도와줌으로써 그들을 변화시키고 싶
습니다."

원걸캔 사례는 코칭리더십의 "방향제시", "개발", "수행평
가", "관계"라는 하위요소를 잘 보여주고 있다.

방향제시는 구성원들이 구체적인 목표를 스스로 설정해 나
갈 수 있도록 리더가 도와주는 과정을 의미한다. 코
칭리더십은 구성원들의 과제나 업무가 어떤 목표 혹
은 목적을 향하여 나아갈 수 있도록 방향을 제시하는
리더십을 의미한다.

코칭리더십에서 이러한 방향제시가 중요한 이유는 구성원들
이 성과를 내도록 영향력을 끼치는 과정에서 목표를
설정하는 것이 출발점이 되기 때문이다. 또한 이러한
방향제시는 구성원들의 개인적인 비전 혹은 업무와
연관된 조직의 비전과 연관되도록 하는 것이 효과적
이다. 따라서 코칭리더십의 방향제시라는 하위요소는
성과지향적 혹은 과업지향적 특성을 가진다고 볼 수
있다.

원걸캔은 캐나다와 케냐의 등록된 자선단체로 빈곤의 고리
를 끊고 교육과 멘토링을 통해 양성평등을 이루기 위

해 노력하고 있다. 이 단체의 독특한 전체론적 모델은 초등학교를 졸업할 때부터 의미 있는 직업을 얻는 날까지 소녀에게 힘을 실어준다. 원걸캔은 롯데 데이비스에 의해 2008년에 설립되었다.

이러한 원걸캔 사례는 빈곤의 고리를 끊고 교육과 멘토링을 통해 양성평등을 이루기 위해 노력함으로써 코칭리더십의 "방향제시"라는 하위요소를 보여주고 있다. 이러한 원걸캔의 방향제시는 성 불평등을 완화하기 위해 유기적으로 상호 연결되는 세 가지 기둥을 기반으로 한다. "우리는 건설한다. 우리는 교육한다. 우리는 멘토입니다."

이러한 원컬캔의 방향제시 결과로 130개의 건물을 건설하고, 628명 고등학교 장학금, 373명 대학교 장학금을 지급하였으며, 10,000명의 소녀들이 매년 멘토링을 받고 있다.

또한 개발은 구성원들에게 기회를 제공하여 학습할 수 있도록 도움으로써 스스로의 역량을 향상할 수 있도록 돕는 과정을 의미한다. 코칭리더십에서 가장 중요한 측면 중 하나는 구성원들의 지식, 기술, 역량, 태도 등을 향상할 수 있도록 돕는 과정인 개발이라는 하위요소이다.

이러한 지식, 기술, 역량, 태도 등의 향상은 성과를 향상시키는 것과 연결되어져야 한다. 이러한 측면에서 개발은 구성원을 육성하는 것과 연결되어진 개념이라고 볼 수 있다.

케냐에서는 실업률이 높은 젊은 여성들이 졸업 후 의미 있는 일을 찾는 것을 어렵게 만든다. 원걸캔이 Sauder School of Business 사회적 기업가정신 프로그램(SSE-Kenya)과 파트너십을 맺고 기업가 훈련 아카데미를 만든 이유다.

세계은행이 케냐가 새로운 일자리의 가장 큰 원천 중 하나라고 보고함에 따라 기업가정신 교육은 케냐의 실업률을 줄이는 데 매우 중요하다. 이런 혁신교육은 고등학생과 대학생에게 소규모 벤처창업의 초석을 가르치는 맞춤형 프로그램이다. 기업가 훈련 아카데미는 특정 분야를 전문으로 하는 국내 과목 전문가와 국제 자원봉사자들에 의해 가르친다.

그들은 학생들이 새로운 사업을 시작하는 동안 지속적인 멘토링과 지도를 제공한다. 매년, UBC Sauder School of Business는 원걸캔과 협력하여 케냐의 취약 지역에서 학생들의 생활을 개선하고 실업률을 줄이는 데 도움이 되는 중요한 비즈니스 도구와 지식을 제공할 것이다.

이러한 원걸캔 사례는 원걸캔이 Sauder School of Business 사회적 기업가정신 프로그램(SSE-Kenya)과 파트너십을 맺고 기업가 훈련 아카데미를 통해서 이 분야에 관한 지식, 기술, 역량, 태도 등을 향상시키는 코칭리더십의 "개발"라는 하위요소를 너무나 잘 보여주고 있다.

그 결과 매년, UBC Sauder School of Business는 원걸캔과 협력하여 케냐의 취약 지역에서 학생들의 생활을 개선하고 실업률을 줄이는 데 도움이 되는 중요한 비즈니스 도구와 지식을 제공하고 있다.

더 나아가 수행평가는 피드백을 통해서 구성원들에게 책임을 부여하여, 자발적으로 직무를 수행하도록 돕고, 그 결과를 공정하게 평가하는 과정을 의미한다. 코칭리더십의 또 다른 중요한 하위요소는 구성원들이 수행한 과제나 업무에 대해서 스스로 책임을 지도록 도우며, 그 결과를 공정하고 정확하게 평가하는 수행평가이다.

이러한 수행평가는 피드백을 수반한다. 구성원들이 과업을 수행하는 데 있어서 어느 정도의 단계에 위치해 있는지 혹은 그 과업의 수행 결과가 어디에 위치해 있는지를 피드백함으로써 구성원들을 성장시키는 데 수행평가의 목적이 있다.

원걸캔은 소녀들과 함께 하는 일은 교육에 대한 접근을 제공하는 것으로 끝나지 않는다. 원걸캔은 소녀들이 의미 있는 경력을 쌓을 때까지 코칭과 훈련을 통해 지원하기 위해 그곳에 있다. 그리고 졸업 후, 원걸캔 프로그램의 소녀들은 멘토가 된다. 이것은 사회 전반에 파급 효과를 일으키고 궁극적으로 원걸캔을 가장 소외된 지역의 빈곤과 성 불평등을 종식시키는 데 더 가까이 가게 한다.

이러한 원걸캔 사례는 권한 부여의 서클을 통해서 SDG 5의 과업을 수행하는 데 있어서 어느 정도의 단계에 위치해 있는지 혹은 그 과업의 수행 결과가 어디에 위치해 있는지를 피드백함으로써 구성원들을 성장시키는 코칭리더십의 "수행평가"라는 하위요소를 보여주고 있다.

또한 관계는 격려, 칭찬, 지지 등을 통해 구성원들과 신뢰에 기반한 수평적 관계를 형성하여 자발적으로 직무에 몰입할 수 있도록 돕는 과정을 의미한다. 코칭리더십은 구성원들과 상호 신뢰하는 인간관계를 맺는 것이 중요하다. 이 관계는 개방적인 특징을 가지고 있다.

조직 내에서 구성원들이 업무나 과제를 수행하는 과정에서

구성원들 상호 간의 관계가 성과에 영향을 미치기 때문에 무시할 수 없는 부분이다. 성과와 연관된 요인들 중 관계의 중요성이 점점 더 강조되고 있다. 따라서 구성원은 격려하고, 칭찬하며, 경청하고, 지지 함으로써 구성원들 간에 좋은 관계를 유지하는 것은 매우 중요하다. 이러한 관계는 대인관계지향적 특징을 가진다고 볼 수 있다.

원걸캔은 소녀들과 함께 하는 일은 교육에 대한 접근을 제공하는 것으로 끝나지 않는다. 원걸캔은 소녀들이 의미 있는 경력을 쌓을 때까지 코칭과 훈련을 통해 지원하기 위해 그곳에 있다. 그리고 졸업 후, 원걸캔 프로그램의 소녀들은 멘토가 된다. 이것은 사회 전반에 파급 효과를 일으키고 궁극적으로 원걸캔을 가장 소외된 지역의 빈곤과 성 불평등을 종식시키는 데 더 가까이 가게 한다.

이러한 원걸캔 사례는 원걸캔을 통해 수혜를 받은 선배들은 후배들을 서로 격려하고, 칭찬하며, 경청하고, 지지함으로써 구성원들 간에 좋은 관계를 유지함으로써 좋은 성과를 내는 코칭리더십의 "관계"라는 하위요소를 보여주고 있다.

정리하면, 원걸캔 사례는 코칭리더십 관점에서 개인과 조직의 성과를 향상시키기 위해서 지속적인 대화를 통해 피드백을 주고 격려를 받게 하는 말과 행동의 과정으로, 조직의 리더가 구성원들과의 관계를 수평적으로 유지하며, 조직원들이 자신의 업무를 자발적으로 수행해 나가기 위해서 자신들의 숨겨진 잠재력을 극대화해 나가는 과정을 의미하며, 이러한 과정에서 구성원들 개개인의 특성을 이해하고 스스로 동기부여 할 수 있도록 도움으로써 조직의 당면과제를 해결하고, 성과를 내도록 영향력을 끼치는 코칭리더십을 발휘하고 있다.

6. 마치는 글

지금까지 SDG 5의 양성평등이라는 목표를 달성하고자 하는 NGO들과 기업들의 다양한 사례를 살펴보았다.

첫 번째 사례로서, 라틴아메리카 경제위원회에서 보고되는 다양한 사례들은 SDG 5 양성평등의 목표를 어떻게 실현해 나가는지에 대해서 보여주는 사례들이다.

칠레 산티아고에 본부를 두고 있는 ECLAC는 유엔의 5개 지역 위원회 중 하나이다. 그것은 라틴 아메리카의 경제 발전에 기여하고, 이를 위한 조치를 조정하고, 국가들과 세계의 다른 국가들과의 경제적 유대를 강화하기 위한 목적으로 설립되었다.

이러한 ECLAC의 목적은 ECLAC의 "방향제시"라는 코칭리더십의 하위요소를 보여주고 있다. 방향제시는 구성원들이 구체적인 목표를 스스로 설정해 나갈 수 있도록 리더가 도와주는 과정을 의미한다. 코칭리더십은 구성원들의 과제나 업무가 어떤 목표 혹은 목적을 향하여 나아갈 수 있도록 방향을 제시하는 리더십을 의미한다.

코칭리더십에서 이러한 방향제시가 중요한 이유는 구성원들이 성과를 내도록 영향력을 끼치는 과정에서 목표를 설정하는 것이 출발점이 되기 때문이다. 또한 이러한 방향제시는 구성원들의 개인적인 비전 혹은 업무와 연관된 조직의 비전과 연관되도록 하는 것이 효과적이다. 따라서 코칭리더십의 방향제시라는 하위요소는 성과지향적 혹은 과업지향적 특성을 가진다고 볼 수 있다.

라틴 아메리카의 경제 발전에 기여하고, 이를 위한 조치를 조정하고, 국가들과 세계의 다른 국가들과의 경제적 유대를 강화하기 위한 ECLAC의 목적을 향하여 나아갈 수 있는 방향을 제시하는 "방향제시"라는 코칭리더십을 잘 발휘하고 있다.

이러한 목적을 향한 방향제시 하에 SDG 5와 관련하여 라
틴 아메리카와 카리브해 정부는 이 지역에서 성 불평
등과 관련된 다음의 네 가지 구조적 장애물을 확인하
였다. 다음의 장애물을 극복하는 것이 SDG 5. 양성
평등을 달성하는 데 핵심이다.

☑ 사회 경제적 불평등과 배타적 성장의 틀에서 빈곤의 지
속성; ☑ 차별적이고 폭력적이며 가부장적인 문화 패
턴과 특권 문화의 우위; ☑ 성적인 분할. 노동과 부당
한 사회적 돌봄 조직; ☑ 공공 영역에서 권력의 집중
과 위계적 관계.

이러한 ECLAC의 SDG 5와 관련된 장애물을 분석하고 제
시하는 것은 ECLAC의 목적에 합당한 방향을 제시함
으로써 ECLAC의 코칭리더십 발현을 보여주고 있다
고 볼 수 있다.

라틴 아메리카와 카리브해 정부는 여성에 대한 폭력을 근절
하고 여성의 자율성과 권리의 완전한 행사를 제한하
는 가부장적 관행, 담론, 문화적 패턴을 제거하기 위

해 규정을 채택했다.

이러한 ECLAC 및 라틴 아메리카와 카리브해 정부의 노력
은 "수행평가"라는 코칭리더십의 하위요소를 잘 보여
주고 있다.

수행평가는 피드백을 통해서 구성원들에게 책임을 부여하
여, 자발적으로 직무를 수행하도록 돕고, 그 결과를
공정하게 평가하는 과정을 의미한다. 코칭리더십의 또
다른 중요한 하위요소는 구성원들이 수행한 과제나
업무에 대해서 스스로 책임을 지도록 도우며, 그 결
과를 공정하고 정확하게 평가하는 수행평가이다.

이러한 수행평가는 피드백을 수반한다. 구성원들이 과업을
수행하는 데 있어서 어느 정도의 단계에 위치해 있는
지 혹은 그 과업의 수행 결과가 어디에 위치해 있는
지를 피드백함으로써 구성원들을 성장시키는 데 수행
평가의 목적이 있다.

라틴 아메리카와 카리브해 정부의 여성에 대한 폭력을 근절

하고 여성의 자율성과 권리의 완전한 행사를 제한하는 가부장적 관행, 담론, 문화적 패턴을 제거하기 위해 채택한 규정들은 SDG 5. 양성평등의 과업을 수행하는 데 있어서 구성원들이 어느 정도의 단계에 위치해 있는지 혹은 그 과업의 수행 결과가 어디에 위치해 있는지를 피드백함으로써 구성원들을 성장시키는 "수행평가"를 잘 보여주고 있다.

특히 2030년까지 지속 가능한 개발 프레임워크 내에서 지역 성 어젠다 이행을 위한 몬테비데오 전략의 시행은 여성의 권리를 보장하고 양성평등을 향해 나아가는 데 필요한 구조적 조건, 메커니즘 및 자원을 만드는 데 핵심이었다.

정부는 몬테비데오 전략을 지속 가능한 개발 전략의 일부인 양성평등 정책을 수립하기 위한 도구로 사용하고 있다. 현재까지, 이 지역의 25개국이 전략 시행의 진행 상황에 대해 보고했다. 예를 들어, 도미니카 공화국에서 몬테비데오 전략은 해당 국가에서 SDG 5를 달성하기 위한 조치의 프레임워크로 사용되어 왔다.

이러한 ECLAC 몬테비데오 전략의 시행 역시 "수행평가"라는 코칭리더십의 하위요소를 잘 보여주고 있다.

또한 여성의 발전을 위한 기구나 범분야적 정책을 시행하기 위한 부문 간 제도적 조정을 통해 이 지역에서 젠더 제도적 틀이 강화되었다. 이러한 ECLAC의 노력들은 "개발"이라는 코칭리더십의 하위요소를 잘 보여주고 있다.

개발은 구성원들에게 기회를 제공하여 학습할 수 있도록 도움으로써 스스로의 역량을 향상할 수 있도록 돕는 과정을 의미한다. 코칭리더십에서 가장 중요한 측면 중 하나는 구성원들의 지식, 기술, 역량, 태도 등을 향상할 수 있도록 돕는 과정인 개발이라는 하위요소이다.

이러한 지식, 기술, 역량, 태도 등의 향상은 성과를 향상시키는 것과 연결되어져야 한다. 이러한 측면에서 개발은 구성원을 육성하는 것과 연결되어진 개념이라고 볼 수 있다.

여성의 발전을 위한 기구나 범분야적 정책을 시행하기 위한 부문 간 제도적 조정은 여성의 지식, 기술, 역량, 태도 등의 향상을 통해서 SDG 5. 양성평등의 목표를 달성하는 데 기여하고 있다. 이러한 ECLAC의 노력은 "개발"을 통한 코칭리더십 발현을 잘 보여주고 있다고 볼 수 있다.

또한 우루과이에서는 법률 제19353호에 따라 국가사회보호 장치의 축으로 국가통합의료시스템(SNIC)을 만들었다. 칠레에서는 2015년부터 2017년 사이에 여성의 간병인 역할을 인정하는 국가 지원 및 간병 하위 시스템을 포함하는 국가 간병 시스템을 설계 및 출범했다. 코스타리카에서는 REDCUDI(National Child Care and Development Network)의 법률 번호 9220/2014가 여성이 고용 시장에 진입할 수 있도록 종합적인 유아 돌봄을 제공하는 다양한 기관을 통합하고자 한다.

이러한 ECLAC의 다양한 노력들은 다양한 기관과 국가들을 통합하는 "관계"라는 코칭리더십의 하위요소를 잘 보여주고 있다. 관계는 격려, 칭찬, 지지 등을 통해 구성원들과 신뢰에 기반한 수평적 관계를 형성하여 자발적으로 직무에 몰입할 수 있도록 돕는 과정을 의미한다. 코칭리더십은 구성원들과 상호 신뢰하는 인간관계를 맺는 것이 중요하다. 이 관계는 개방적인 특징을 가지고 있다.

조직 내에서 구성원들이 업무나 과제를 수행하는 과정에서 구성원들 상호 간의 관계가 성과에 영향을 미치기 때문에 무시할 수 없는 부분이다. 성과와 연관된 요인들 중 관계의 중요성이 점점 더 강조되고 있다. 따라서 구성원은 격려하고, 칭찬하며, 경청하고, 지지 함으로써 구성원들 간에 좋은 관계를 유지하는 것은 매우 중요하다. 이러한 관계는 대인관계지향적 특징을 가진다고 볼 수 있다.

ECLAC는 다양한 정부와 다양한 기관들과의 좋은 관계를 통해서 좋은 결과를 얻게 되는 대인관계지향적인 특성을 가진 "관계"라는 코칭리더십의 하위요소를 통해서 코칭리더십을 발휘하고 있다고 볼 수 있다.

이러한 ECLAC의 관계를 통한 코칭리더십의 발현을 통해서 여성의 발전을 위한 기구들은 2030 의제의 後續 조치를 위한 국가 조정 메커니즘에 완전히 통합되는 동시에 계속 강화되어야 한다. 이는 2030년까지 지속가능한 개발의 세 가지 차원 모두에서 양성平等을 달성하고 실질적인 평등을 달성하기 위한 긍정적인 시너지 效果를 창출하는 데 도움이 될 것으로 판단되어진다.

정리하면, ECLAC 사례는 코칭리더십 관점에서 개인과 조직의 성과를 향상시키기 위해서 지속적인 대화를 통해 피드백을 주고 격려를 받게 하는 말과 행동의 과정으로, 조직의 리더가 구성원들과의 관계를 수평적으로 유지하며, 조직원들이 자신의 업무를 자발적으로 수행해 나가기 위해서 자신들의 숨겨진 잠재력을 극대화해 나가는 과정을 의미하며, 이러한 과정에서 구성원들 개개인의 특성을 이해하고 스스로 동기부여할 수 있도록 도움으로써 조직의 당면과제를 해결하

고, 성과를 내도록 영향력을 끼치는 코칭리더십을 발
휘하고 있다.

유엔 여성, 국제노동기구(ILO) 및 유럽연합(EU)의 주요 금
융인이 파트너십 툴을 통해 시행한 'Win-Win: 평등
은 비즈니스를 의미한다' 프로그램은 중남미 및 카리
브해 여성 기업가 가상 교육을 지역 전역에서 참석자
들의 참여로 성료했다. 이러한 라틴 아메리카 및 카
리브해 여성 사업가 및 기업가를 양성 사례는 "방향
제시" 및 "개발"과 "관계"라는 코칭리더십의 하위요소
를 잘 보여주고 있다.

방향제시는 구성원들이 구체적인 목표를 스스로 설정해 나
갈 수 있도록 리더가 도와주는 과정을 의미한다. 코
칭리더십은 구성원들의 과제나 업무가 어떤 목표 혹
은 목적을 향하여 나아갈 수 있도록 방향을 제시하는
"방향제시"라는 코칭리더십의 하위요소를 통해 리더십
을 의미한다.

코칭리더십에서 이러한 방향제시가 중요한 이유는 구성원들

이 성과를 내도록 영향력을 끼치는 과정에서 목표를 설정하는 것이 출발점이 되기 때문이다. 또한 이러한 방향제시는 구성원들의 개인적인 비전 혹은 업무와 연관된 조직의 비전과 연관되도록 하는 것이 효과적이다. 따라서 코칭리더십의 방향제시라는 하위요소는 성과지향적 혹은 과업지향적 특성을 가진다고 볼 수 있다.

라틴 아메리카 및 카리브해 여성 사업가 및 기업가를 양성 사례는 "Win-Win: 평등은 비즈니스를 의미한다"는 SDG 5. 양성평등을 성취하기 위한 목적을 향하여 나아갈 수 있도록 방향을 제시하는 코칭리더십의 발현을 의미한다.

또한 라틴 아메리카 및 카리브해 여성 사업가 및 기업가를 양성 사례는 "개발"이라는 코칭리더십의 하위요소를 잘 보여주고 있다. 개발은 구성원들에게 기회를 제공하여 학습할 수 있도록 도움으로써 스스로의 역량을 향상할 수 있도록 돕는 과정을 의미한다.

코칭리더십에서 가장 중요한 측면 중 하나는 구성원들의 지식, 기술, 역량, 태도 등을 향상할 수 있도록 돕는 과정인 개발이라는 하위요소이다. 이러한 지식, 기술, 역량, 태도 등의 향상은 성과를 향상시키는 것과 연결되어져야 한다. 이러한 측면에서 개발은 구성원을 육성하는 것과 연결되어진 개념이라고 볼 수 있다.

라틴 아메리카 및 카리브해 여성 사업가 및 기업가를 양성 사례는 라틴 아메리카 및 카리브해 지역의 여성 사업가들과 기업가들의 지식, 기술, 역량, 태도 등을 향상할 수 있도록 도움으로써 코칭리더십을 발휘하고 있다고 볼 수 있다.

특히 세 가지 모듈로 구성된 이 과정은 재정 계산, 전문 네트워크 관리, 경제적 젠더 폭력, 젠더 관점의 조달 체인 관리 또는 수출 시작과 같이 비즈니스를 강화하는 도구를 강조하는 평등 및 경제적 권한 부여에 대한 일반 개념을 다루었다. 이번 교육은 여성 기업가 및 비즈니스우먼의 협회, 조직, 네트워크 역량 강화를 목적으로 아르헨티나에서 실시된 '여성 기업가 네트워크 강화 프로그램'을 배경으로 하며, 270명의 여성이 참여했다. 이러한 내용들은 코칭리더십의 "개발"이라는 하위요소를 매우 분명하게 보여주고 있다.

또한 라틴 아메리카 및 카리브해 여성 사업가 및 기업가를 양성 사례는 코칭리더십의 "관계"라는 하위요소를 잘 보여주고 있다. 관계는 격려, 칭찬, 지지 등을 통해 구성원들과 신뢰에 기반한 수평적 관계를 형성하여 자발적으로 직무에 몰입할 수 있도록 돕는 과정을 의미한다. 코칭리더십은 구성원들과 상호 신뢰하는 인간관계를 맺는 것이 중요하다. 이 관계는 개방적인 특징을 가지고 있다.

조직 내에서 구성원들이 업무나 과제를 수행하는 과정에서 구성원들 상호 간의 관계가 성과에 영향을 미치기 때문에 무시할 수 없는 부분이다. 성과와 연관된 요인들 중 관계의 중요성이 점점 더 강조되고 있다. 따라서 구성원은 격려하고, 칭찬하며, 경청하고, 지지 함으로써 구성원들 간에 좋은 관계를 유지하는 것은 매우 중요하다. 이러한 관계는 대인관계지향적 특징을

가진다고 볼 수 있다.

라틴 아메리카 및 카리브해 여성 사업가 및 기업가를 양성 사례는 라틴 아메리카 및 카리브해 지역의 여성 사업 가들과 기업가들을 격려하고, 칭찬하며, 경청하고, 지 지함으로써 여성 사업가들과 기업가들 간에 좋은 관 계를 유지함으로써 좋은 성과를 내는 코칭리더십을 잘 보여주고 있다.

특히 유럽 연합으로부터 원-윈 프로그램의 관리를 책임지고 있는 바르바라 로체스는 프로그램의 영향과 많은 참 가자들을 축하했다. "여성 기업가들은 현재 상황의 영 향을 가장 많이 받는 중소기업 부문에 속하기 때문에 어려운 시기를 겪고 있습니다. 이러한 어려움에 직면 하여, 여성들은 함께 모여 네트워크를 구축하고 서로 를 지원하고 있습니다. 이 활동은 지역 차원에서의 이러한 협업의 한 예이며, 저는 우리가 그것을 더욱 장려하기를 바랍니다. 그것은 또한 유럽연합과 유엔 간의 협력의 한 예입니다. 우리는 그 네트워크가 지 역적일 뿐만 아니라 바다를 건너는 것이 될 것이라고 생각합니다."라고 로체스가 말했다. 이러한 내용들은 코칭리더십의 "관계"라는 하위요소의 전형적인 모습을 잘 보여주고 있다.

정리하면, 라틴 아메리카 및 카리브해 여성 사업가 및 기업가를 양성 사례는 코칭리더십 관점에서 개인과 조직의 성과를 향상시키기 위해서 지속적인 대화를 통해 피드백을 주고 격려를 받게 하는 말과 행동의 과정으로, 조직의 리더가 구성원들과의 관계를 수평적으로 유지하며, 조직원들이 자신의 업무를 자발적으로 수행해 나가기 위해서 자신들의 숨겨진 잠재력을 극대화해 나가는 과정을 의미하며, 이러한 과정에서 구성원들 개개인의 특성을 이해하고 스스로 동기부여 할 수 있도록 도움으로써 조직의 당면과제를 해결하고, 성과를 내도록 영향력을 끼치는 코칭리더십을 발휘하고 있다.

여성 리더십에 관한 미주 태스크포스 이니셔티브는 VIII Summit of the Americas(페루, 2018년 4월)에서 미주 및 카리브해 지도자들이 협력과 시너지 강화를 통해 양성평등과 여성 리더십을 증진하기 위한 여성 리더십에 관한 미주 간 태스크포스의 창설을 승인했을 때 시작되었다.

여성 리더십에 관한 미주 태스크포스 사례는 코칭리더십의 "방향제시", "개발" 및 "관계"라는 코칭리더십의 하위요소를 잘 보여주고 있다.

첫째로 방향제시는 구성원들이 구체적인 목표를 스스로 설정해 나갈 수 있도록 리더가 도와주는 과정을 의미한다. 코칭리더십은 구성원들의 과제나 업무가 어떤 목표 혹은 목적을 향하여 나아갈 수 있도록 방향을 제시하는 리더십을 의미한다.

코칭리더십에서 이러한 방향제시가 중요한 이유는 구성원들이 성과를 내도록 영향력을 끼치는 과정에서 목표를 설정하는 것이 출발점이 되기 때문이다. 또한 이러한 방향제시는 구성원들의 개인적인 비전 혹은 업무와 연관된 조직의 비전과 연관되도록 하는 것이 효과적이다. 따라서 코칭리더십의 방향제시라는 하위요소는

성과지향적 혹은 과업지향적 특성을 가진다고 볼 수 있다.

여성 리더십에 관한 미주 태스크포스 사례는 "미주 및 카리브해 지도자들이 협력과 시너지 강화를 통해 양성평등과 여성 리더십을 증진"이라는 목표를 향하여 나아갈 수 있도록 리더십을 발휘하는 코칭리더십의 "방향제시"라는 하위요소를 분명하게 보여준다.

둘째로 코칭리더십의 하위요소인 "개발"은 구성원들에게 기회를 제공하여 학습할 수 있도록 도움으로써 스스로의 역량을 향상할 수 있도록 돕는 과정을 의미한다. 코칭리더십에서 가장 중요한 측면 중 하나는 구성원들의 지식, 기술, 역량, 태도 등을 향상할 수 있도록 돕는 과정인 개발이라는 하위요소이다.

이러한 지식, 기술, 역량, 태도 등의 향상은 성과를 향상시키는 것과 연결되어져야 한다. 이러한 측면에서 개발은 구성원을 육성하는 것과 연결되어진 개념이라고 볼 수 있다.

여성 리더십에 관한 미주 태스크포스 사례는 여성 리더십과
관련된 전문 지식과 프로그램을 인정한 주요 미주 및
국제 조직으로 구성된다. 이러한 여성 리더십과 관련
된 전문지식과 프로그램을 통해서 여성 리더들의 지
식, 기술, 역량 태도 등을 향상하여 성과에 영향을 미
치는 "개발"을 통해서 코칭리더십을 발휘하고 있다고
볼 수 있다.

셋째로, 코칭리더십의 하위요소인 "관계"는 격려, 칭찬, 지
지 등을 통해 구성원들과 신뢰에 기반한 수평적 관계
를 형성하여 자발적으로 직무에 몰입할 수 있도록 돕
는 과정을 의미한다. 코칭리더십은 구성원들과 상호
신뢰하는 인간관계를 맺는 것이 중요하다. 이 관계는
개방적인 특징을 가지고 있다.

조직 내에서 구성원들이 업무나 과제를 수행하는 과정에서
구성원들 상호 간의 관계가 성과에 영향을 미치기 때
문에 무시할 수 없는 부분이다. 성과와 연관된 요인
들 중 관계의 중요성이 점점 더 강조되고 있다. 따라

서 구성원은 격려하고, 칭찬하며, 경청하고, 지지 함으로써 구성원들 간에 좋은 관계를 유지하는 것은 매우 중요하다. 이러한 관계는 대인관계지향적 특징을 가진다고 볼 수 있다.

여성 리더십에 관한 미주 태스크포스 사례는 라틴 아메리카 및 카리브해 경제 위원회(ECLAC), 미주 개발 은행(IADB), 미주 기구/미주 여성 위원회(CIM), 미주 인권 위원회(IACHR), 범아메리카 보건 기구(PAHO), ParlAmericas, 유엔 개발 계획(UNDP), 유엔 여성, 라틴 아메리카 개발 은행(CAF), 카리브해 여성 리더십 연구소(CIWiL), 라틴 아메리카 및 카리브해 여성 권리 수호 위원회(CLADEM) 등과의 파트너십으로 이루어진다.

태스크포스 팀의 목표 중 하나는 국제, 정부 간, 미국 간 기관 및 기타 이해관계자 간의 조치의 조정과 일관성을 향상시켜 미주 정상 회담 프로세스의 틀에서 미국을 SDG 5.5의 리더로 자리매김하는 것이다. 이러한 여성 리더십에 관한 미주 태스크포스 사례는 좋은 관계를 통한 좋은 성과를 이루도록 돕는 코칭리더십의 "관계"라는 하위요소를 분명하게 보여주고 있다.

정리하면, 여성 리더십에 관한 미주 태스크포스 사례는 코칭리더십 관점에서 개인과 조직의 성과를 향상시키기 위해서 지속적인 대화를 통해 피드백을 주고 격려를 받게 하는 말과 행동의 과정으로, 조직의 리더가 구성원들과의 관계를 수평적으로 유지하며, 조직원들이 자신의 업무를 자발적으로 수행해 나가기 위해서 자신들의 숨겨진 잠재력을 극대화해 나가는 과정을 의미하며, 이러한 과정에서 구성원들 개개인의 특성을 이해하고 스스로 동기부여 할 수 있도록 도움으로써 조직의 당면과제를 해결하고, 성과를 내도록 영향력을 끼치는 코칭리더십을 발휘하고 있다.

코스타리카와 망명을 원하는 여성들이 카카오 농장 사례는 코칭리더십의 "방향제시", "개발", "수행평가", "관계"라는 하위요소를 너무나 잘 보여주고 있다.

방향제시는 구성원들이 구체적인 목표를 스스로 설정해 나

갈 수 있도록 리더가 도와주는 과정을 의미한다. 코칭리더십은 구성원들의 과제나 업무가 어떤 목표 혹은 목적을 향하여 나아갈 수 있도록 방향을 제시하는 리더십을 의미한다.

코칭리더십에서 이러한 방향제시가 중요한 이유는 구성원들이 성과를 내도록 영향력을 끼치는 과정에서 목표를 설정하는 것이 출발점이 되기 때문이다. 또한 이러한 방향제시는 구성원들의 개인적인 비전 혹은 업무와 연관된 조직의 비전과 연관되도록 하는 것이 효과적이다. 따라서 코칭리더십의 방향제시라는 하위요소는 성과지향적 혹은 과업지향적 특성을 가진다고 볼 수 있다.

니카라과 국경 근처에 있는 코스타리카 북부의 카카오 농장 주인인 73세의 비센타 곤살레스에게는 상황이 암울해 보였다. 그러나 협동조합에 가입하는 것은 우리가 성공할 수 있는 기술을 가지고 있다는 것을 보여주었다. 여성으로만 구성된 한 카카오 커뮤니티는 70대 창업주를 지원하고 니카라과의 망명 신청자들을 포함해 회원들에게 꼭 필요한 수입을 제공해 주었다.

이러한 코스타리카와 망명을 원하는 여성들이 카카오 농장 사례는 절대적인 경제적 필요가 있는 여성들에게 방향을 제시하는 코칭리더십의 "방향제시"라는 하위요소를 너무나 잘 보여주고 있다.

또한 개발은 구성원들에게 기회를 제공하여 학습할 수 있도록 도움으로써 스스로의 역량을 향상할 수 있도록 돕는 과정을 의미한다. 코칭리더십에서 가장 중요한 측면 중 하나는 구성원들의 지식, 기술, 역량, 태도 등을 향상할 수 있도록 돕는 과정인 개발이라는 하위요소이다.

이러한 지식, 기술, 역량, 태도 등의 향상은 성과를 향상시키는 것과 연결되어져야 한다. 이러한 측면에서 개발은 구성원을 육성하는 것과 연결되어진 개념이라고 볼 수 있다.

농장에서 무릎이 좋지 않은 빈센타는 어느 날 지역 NGO에서 운영하는 가정 폭력 예방 교육 과정에 혼자 참석할 때까지 앞으로 나아갈 길이 보이지 않았다. 그곳에서 그녀와 몇몇 다른 참가자들은 하나의 아이디어를 얻었다. 그들은 함께 뭉쳐서 농장을 가꾸고, 초콜릿과 카카오에서 파생된 기타 제품을 만들고 판매하고 있다.

약간의 재정적 안정 외에도, 협동조합은 회원들에게 새로운 권한 부여 의식을 주고 있다. 몇 년 전 협동조합에 가입한 35세의 코스타리카인 Dara Argüello는 여성들이 모든 일을 할 뿐만 아니라 모든 결정을 내리는 그룹에 속해 있는 것이 그들의 자존감을 극적으로 향상시켰다고 말했다.

이러한 코스타리카와 망명을 원하는 여성들이 카카오 농장 사례는 다양한 교육을 통한 여성들의 지식, 기술, 역량, 태도 등을 향상시키는 코칭리더십의 "개발"라는 하위요소를 너무나 잘 보여주고 있다.

수행평가는 피드백을 통해서 구성원들에게 책임을 부여하

여, 자발적으로 직무를 수행하도록 돕고, 그 결과를 공정하게 평가하는 과정을 의미한다. 코칭리더십의 또 다른 중요한 하위요소는 구성원들이 수행한 과제나 업무에 대해서 스스로 책임을 지도록 도우며, 그 결과를 공정하고 정확하게 평가하는 수행평가이다.

이러한 수행평가는 피드백을 수반한다. 구성원들이 과업을 수행하는 데 있어서 어느 정도의 단계에 위치해 있는지 혹은 그 과업의 수행 결과가 어디에 위치해 있는지를 피드백함으로써 구성원들을 성장시키는 데 수행평가의 목적이 있다.

이 단체는 또한 폭력 예방에서 리더십에 이르는 모든 것에 대한 워크숍에 참석하기 위해 함께 모인다. 카카오티카의 회원들이 코스타리카 전역의 시장에서 제품을 판매하기 시작한 것은 유엔난민기구(UNHCR)의 파트너인 Fundación Mujer가 운영하는 신생 기업가를 위한 워크숍에 참가한 후였다.

그들의 노력은 이제 막 성과를 거두기 시작했고, 여성들은

COVID-19 팬데믹이 닥쳤을 때 적지만 정기적인 수입을 집으로 가져오기 시작하고 있었다. 봉쇄로 인해 시장은 폐쇄되었고, 이로 인해 그룹의 구성원들이 비센타의 농장에 도착하는 것은 거의 불가능해졌다. 비센타는 "대유행은 매우, 매우 어려웠다"고 회상했다. "우리는 대부분의 제품을 잃었고 심지어 그들이 이 상황에 너무 낙담했기 때문에 탈퇴한 몇몇 회원들을 잃었습니다. 우리는 근본적으로 처음부터 다시 시작해야 했습니다."

처음에, 그들은 봉쇄로 인한 하우스 플랜트 수요 급증에 대응하여 카카오 묘목을 판매하면서 그들의 사업 모델을 조정함으로써 대응했다. 그러나 규제 완화 이후, 그들은 천천히 그러나 확실히 초콜릿 바와 미용 제품의 재고를 재건했고, 그들은 현재 코스타리카와 그 너머의 고급 호텔에 배치하는 것을 목표로 하고 있다. 공동체에 있는 동료들에게 비센타는 "그들이 정말 나를 도와줬다"며 "사실, 나는 우리 모두가 서로를 도왔다고 생각한다"고 말했다.

이러한 코스타리카와 망명을 원하는 여성들이 카카오 농장 사례는 코로나로 인하여 새롭게 처해진 어려운 상황에서 구성원들이 과업을 수행하는 데 있어서 어느 정도의 단계에 위치해 있는지 혹은 그 과업의 수행 결과가 어디에 위치해 있는지를 피드백함으로써 구성원들을 성장시키는 코칭리더십의 "수행평가"라는 하위요소를 너무나 잘 보여주고 있다.

또한 관계는 격려, 칭찬, 지지 등을 통해 구성원들과 신뢰에 기반한 수평적 관계를 형성하여 자발적으로 직무에 몰입할 수 있도록 돕는 과정을 의미한다. 코칭리더십은 구성원들과 상호 신뢰하는 인간관계를 맺는 것이 중요하다. 이 관계는 개방적인 특징을 가지고 있다.

조직 내에서 구성원들이 업무나 과제를 수행하는 과정에서 구성원들 상호 간의 관계가 성과에 영향을 미치기 때문에 무시할 수 없는 부분이다. 성과와 연관된 요인들 중 관계의 중요성이 점점 더 강조되고 있다. 따라서 구성원은 격려하고, 칭찬하며, 경청하고, 지지 함

으로써 구성원들 간에 좋은 관계를 유지하는 것은 매우 중요하다. 이러한 관계는 대인관계지향적 특징을 가진다고 볼 수 있다.

함께 일하면서, 여성들은 나무를 돌보고, 병든 얼룩을 보여주는 콩을 잘라내고, 익은 노란색을 수확한다. 그들은 화학 비료와 살충제를 피하고 자연 대체제를 선호하는데, 예를 들어, 카카오 나무가 직접 흘린 콩껍질, 죽은 나무껍질, 잎뿐만 아니라 땅을 돌아다니는 작은 소떼의 패티로 만든 영양분이 풍부한 퇴비이다. 이들의 노력으로 협력 유기농 인증을 획득해 자사 제품이 더 나은 가격에 팔릴 수 있게 됐다.

처음에, 그들은 봉쇄로 인한 하우스 플랜트 수요 급증에 대응하여 카카오 묘목을 판매하면서 그들의 사업 모델을 조정함으로써 대응했다. 그러나 규제 완화 이후, 그들은 천천히 그러나 확실히 초콜릿 바와 미용 제품의 재고를 재건했고, 그들은 현재 코스타리카와 그 너머의 고급 호텔에 배치하는 것을 목표로 하고 있다. 공동체에 있는 동료들에게 비센타는 "그들이 정말 나를 도와줬다"며 "사실, 나는 우리 모두가 서로를 도왔다고 생각한다"고 말했다.

이러한 코스타리카와 망명을 원하는 여성들이 카카오 농장 사례는 여성들이 서로 격려하고, 칭찬하며, 경청하고, 지지 함으로써 구성원들 간에 좋은 관계를 유지하는 코칭리더십의 "관계"라는 하위요소를 너무나 잘 보여주고 있다.

정리하면, 코스타리카와 망명을 원하는 여성들이 카카오 농장 사례는 코칭리더십 관점에서 개인과 조직의 성과를 향상시키기 위해서 지속적인 대화를 통해 피드백을 주고 격려를 받게 하는 말과 행동의 과정으로, 조직의 리더가 구성원들과의 관계를 수평적으로 유지하며, 조직원들이 자신의 업무를 자발적으로 수행해 나가기 위해서 자신들의 숨겨진 잠재력을 극대화해 나가는 과정을 의미하며, 이러한 과정에서 구성원들 개개인의 특성을 이해하고 스스로 동기부여 할 수 있도록 도움으로써 조직의 당면과제를 해결하고, 성과를 내도록 영향력을 끼치는 코칭리더십을 발휘하고 있다.

[용기와 치유의 이야기: 중앙 아메리카의 성별에 기반한 폭력에 대해 목소리를 높인다] 사례는 "방향제시", "개발", "수행평가", "관계"라는 코칭리더십의 하위요소를 잘 보여주고 있습니다.

방향제시는 구성원들이 구체적인 목표를 스스로 설정해 나갈 수 있도록 리더가 도와주는 과정을 의미한다. 코칭리더십은 구성원들의 과제나 업무가 어떤 목표 혹은 목적을 향하여 나아갈 수 있도록 방향을 제시하는 리더십을 의미한다.

코칭리더십에서 이러한 방향제시가 중요한 이유는 구성원들이 성과를 내도록 영향력을 끼치는 과정에서 목표를 설정하는 것이 출발점이 되기 때문이다. 또한 이러한 방향제시는 구성원들의 개인적인 비전 혹은 업무와 연관된 조직의 비전과 연관되도록 하는 것이 효과적이다. 따라서 코칭리더십의 방향제시라는 하위요소는 성과지향적 혹은 과업지향적 특성을 가진다고 볼 수 있다.

"안전을 찾기 위해 그들은 위험한 여행을 떠난다. 모든 다양성의 여성들과 소녀들에게, 성별에 근거한 폭력은 그들이 그들의 집을 떠나도록 강요받는 주요 이유들 중 하나이다. 엘살바도르, 온두라스, 과테말라는 라틴 아메리카에서 여성 살해율이 가장 높은 상위 5개국 중 하나이며, 세계에서 가장 높은 국가 중 하나이다."

이러한 [용기와 치유의 이야기: 중앙 아메리카의 성별에 기반한 폭력에 대해 목소리를 높인다] 사례는 "안전을 찾기 위해 그들은 위험한 여행을 떠난다. 모든 다양성의 여성들과 소녀들에게, 성별에 근거한 폭력은 그들이 그들의 집을 떠나도록 강요받는 주요 이유들 중 하나다"라는 중앙 아메리카 성별에 기반한 폭력에 대처하는 방향을 제시하는 "방향제시"라는 코칭리더십의 하위요소를 잘 보여주고 있다.

또한 개발은 구성원들에게 기회를 제공하여 학습할 수 있도록 도움으로써 스스로의 역량을 향상할 수 있도록 돕는 과정을 의미한다. 코칭리더십에서 가장 중요한 측면 중 하나는 구성원들의 지식, 기술, 역량, 태도 등을 향상할 수 있도록 돕는 과정인 개발이라는 하위요소이다.

이러한 지식, 기술, 역량, 태도 등의 향상은 성과를 향상시키는 것과 연결되어져야 한다. 이러한 측면에서 개발은 구성원을 육성하는 것과 연결되어진 개념이라고 볼 수 있다.

"저는 제 자신이 자랑스럽습니다. 왜냐하면 제가 [안전하고 건강한] 이 곳에 있을 수 있을 것이라고 상상하지 못했기 때문입니다. 하지만 그것은 제가 받아온 치료와 저를 지지하고 응원해 주는 여기 있는 사람들 덕분입니다."

이사벨은 폭력에서 살아남은 젊은 여성들을 지원하기 위해 심리학자가 되는 것을 꿈꾼다. 하지만 그녀는 여전히 폭력과 학대로 인한 트라우마를 겪고 있다고 말한다. "그들은 나에게 이 도시가 매우 위험하다고 말합니다, 특히 나 혼자 있기 때문에. 그래서 밖에 나갈 때, 저는 훨씬 더 무서워집니다," 라고 이사벨이 말한다.

이러한 [용기와 치유의 이야기: 중앙 아메리카의 성별에 기
반한 폭력에 대해 목소리를 높인다] 이사벨 사례는
이사벨을 역경을 통해서 지식, 기술, 역량, 태도 등의
향상은 성과를 향상시키는 "개발"이라는 코칭리더십의
하위요소를 잘 보여주고 있다.

더 나아가 수행평가는 피드백을 통해서 구성원들에게 책임
을 부여하여, 자발적으로 직무를 수행하도록 돕고, 그
결과를 공정하게 평가하는 과정을 의미한다. 코칭리더
십의 또 다른 중요한 하위요소는 구성원들이 수행한
과제나 업무에 대해서 스스로 책임을 지도록 도우며,
그 결과를 공정하고 정확하게 평가하는 수행평가이다.

이러한 수행평가는 피드백을 수반한다. 구성원들이 과업을
수행하는 데 있어서 어느 정도의 단계에 위치해 있는
지 혹은 그 과업의 수행 결과가 어디에 위치해 있는
지를 피드백함으로써 구성원들을 성장시키는 데 수행
평가의 목적이 있다.

유엔난민기구 UNHCR에 따르면 이사뺄은 치명적인 갱단의 폭력이 급증하는 것을 피하기 위해 중앙아메리카에서 도망치는 여성들의 수가 증가하고 있는 것 중 하나이며, 이는 아메리카에서 강제 이주를 증가시키는 데 기여하고 있다. 혼자 멕시코에 있는 이사뺄은 망명 신청자들과 이민자들을 위한 보호소로 가는 길을 찾았고, 그곳에서 그녀는 4월부터 머물렀다.

이제, 23세의 이사뺄은 그녀의 삶이 다시 정상 궤도에 오른 것처럼 느낀다. 그녀는 학교로 돌아와 고등학교 졸업장을 받기 위해 노력하고 있다. 그녀는 또한 그녀가 경험한 어린 시절의 성적 학대에 대처하는 방법을 배우면서 처음으로 치료를 받고 있다.

이러한 [용기와 치유의 이야기: 중앙 아메리카의 성별에 기반한 폭력에 대해 목소리를 높인다] 사례는 구성원들이 과업을 수행하는 데 있어서 어느 정도의 단계에 위치해 있는지 혹은 그 과업의 수행 결과가 어디에 위치해 있는지를 피드백함으로써 구성원들을 성장시키는 "수행평가"라는 코칭리더십의 하위요소를 잘 보여주고 있다.

마지막으로 관계는 격려, 칭찬, 지지 등을 통해 구성원들과 신뢰에 기반한 수평적 관계를 형성하여 자발적으로 직무에 몰입할 수 있도록 돕는 과정을 의미한다. 코칭리더십은 구성원들과 상호 신뢰하는 인간관계를 맺는 것이 중요하다. 이 관계는 개방적인 특징을 가지고 있다.

조직 내에서 구성원들이 업무나 과제를 수행하는 과정에서 구성원들 상호 간의 관계가 성과에 영향을 미치기 때문에 무시할 수 없는 부분이다. 성과와 연관된 요인들 중 관계의 중요성이 점점 더 강조되고 있다. 따라서 구성원은 격려하고, 칭찬하며, 경청하고, 지지 함으로써 구성원들 간에 좋은 관계를 유지하는 것은 매우 중요하다. 이러한 관계는 대인관계지향적 특징을 가진다고 볼 수 있다.

카롤리나 에스코바르 사티는 인신매매와 다른 형태의 폭력의 생존자들을 위한 예방, 보호, 그리고 법률 서비스를 제공하는 비영리 단체인 라 알리안자의 국가 이사이다. 이 기구는 과테말라 코아테페크의 취약계층을 보호하기 위해 UNHCR과 협력했다.

멕시코와의 국경도시에서 그들은 인신매매의 생존자들, 특히 어린이들을 본국으로 송환하기 위해 일하고 있다. 인신매매뿐만 아니라, 어린이들은 특히 성폭력에 취약하다. 과테말라의 임신 건강 관측소 네트워크에 따르면, 2020년 과테말라에서는 11만 4천 명의 어린이 또는 10대 임신 사례가 기록되었다.

이러한 [용기와 치유의 이야기: 중앙 아메리카의 성별에 기반한 폭력에 대해 목소리를 높인다] 사례는 구성원들과 신뢰에 기반한 수평적 관계를 형성하여 자발적으로 몰입할 수 있도록 돕는 "관계"라는 코칭리더십의 하위요소를 잘 보여주고 있다. 구성원들 상호 간의 관계가 성과에 영향을 미치기 때문에 이 "관계"는 매우 중요하다.

정리하면, [용기와 치유의 이야기: 중앙 아메리카의 성별에 기반한 폭력에 대해 목소리를 높인다] 사례는 코칭리더십 관점에서 개인과 조직의 성과를 향상시키기 위해서 지속적인 대화를 통해 피드백을 주고 격려를 받게 하는 말과 행동의 과정으로, 조직의 리더가 구성원들과의 관계를 수평적으로 유지하며, 조직원들이 자신의 업무를 자발적으로 수행해 나가기 위해서 자신들의 숨겨진 잠재력을 극대화해 나가는 과정을 의미하며, 이러한 과정에서 구성원들 개개인의 특성을 이해하고 스스로 동기부여 할 수 있도록 도움으로써 조직의 당면과제를 해결하고, 성과를 내도록 영향력을 끼치는 코칭리더십을 발휘하고 있다.

[새로운 아르헨티나 영화는 성 폭력에 대한 논쟁을 촉진한다] 사례는 코칭리더십의 "방향제시", "개발", "수행평가", "관계"라는 하위요소를 너무나 잘 보여주고 있다.

방향제시는 구성원들이 구체적인 목표를 스스로 설정해 나갈 수 있도록 리더가 도와주는 과정을 의미한다. 코

칭리더십은 구성원들의 과제나 업무가 어떤 목표 혹은 목적을 향하여 나아갈 수 있도록 방향을 제시하는 리더십을 의미한다.

코칭리더십에서 이러한 방향제시가 중요한 이유는 구성원들이 성과를 내도록 영향력을 끼치는 과정에서 목표를 설정하는 것이 출발점이 되기 때문이다. 또한 이러한 방향제시는 구성원들의 개인적인 비전 혹은 업무와 연관된 조직의 비전과 연관되도록 하는 것이 효과적이다. 따라서 코칭리더십의 방향제시라는 하위요소는 성과지향적 혹은 과업지향적 특성을 가진다고 볼 수 있다.

국제노동기구(ILO)와 유엔여성기구(UN Women)가 유엔 의제의 두 가지 핵심 쟁점을 탐구하는 아르헨티나 감독 세바스티안 쉰델의 신작 '구속하는 범죄'의 세계 초연을 후원하고 있다. 부에노스아이레스 국제노동기구(ILO)와 유엔 여성의 지원으로, 새로운 아르헨티나 영화는 일과 가정 영역의 성폭력에 대해 심도 있게 살펴볼 수 있다.

아르헨티나 영화감독 세바스찬 쉰델(더 보스: 범죄의 해부학)이 각본을 쓰고 연출한 '구속하는 범죄'는 넷플릭스 구독자 1억 9000만명 이상을 대상으로 방송되었고, 30개 언어로 자막과 더빙이 제공되었다.

유엔 여성은 양성평등을 강화하고 국가적 의제에 대한 여성의 권한을 증진시키는 것을 목표로 한다. 아르헨티나에서, 그 기관은 스포트라이트 이니셔티브에 참여하고 여성들과 소녀들에 대한 폭력을 예방하고 근절하는 것을 돕기 위해 다양한 분야에서 일하고 있다.

이러한 [새로운 아르헨티나 영화는 성 폭력에 대한 논쟁을 촉진한다] 사례는 영화 '구속하는 범죄'를 후원함으로써 넷플릭스를 통해 전세계 구독자들에게 '일과 가정 영역의 성폭력'이라는 주제에 대한 방향을 제시함으로써 코칭리더십의 "방향제시"라는 하위요소를 보여주고 있다.

특히 유엔 여성은 양성평등을 강화하고 국가적 의제에 대한 여성의 권한을 증진시키는 것을 목표를 향하여 일치된 방향을 제시함으로 코칭리더십의 "방향제시"라는 하위요소를 잘 보여주고 있다.

또한 개발은 구성원들에게 기회를 제공하여 학습할 수 있도록 도움으로써 스스로의 역량을 향상할 수 있도록 돕는 과정을 의미한다. 코칭리더십에서 가장 중요한 측면 중 하나는 구성원들의 지식, 기술, 역량, 태도 등을 향상할 수 있도록 돕는 과정인 개발이라는 하위요소이다.

이러한 지식, 기술, 역량, 태도 등의 향상은 성과를 향상시키는 것과 연결되어져야 한다. 이러한 측면에서 개발은 구성원을 육성하는 것과 연결되어진 개념이라고 볼 수 있다.

이 영화는 한 가족과 그 가정 고용인을 둘러싼 성 폭력에 대한 두 가지 상호 연관된 이야기를 다루며, 사법 절차의 다양한 사례에 대한 자세한 관찰을 한다. 아르헨티나 ILO 컨트리 오피스와 유엔 여성의 전문가들,

시민 사회 단체들은 특히 대본 개발과 관련하여 영화의 사전 제작에 적극적으로 참여하였다.

ILO 스포트라이트 이니셔티브 프로젝트 책임자인 하비에르 치치아로는 "이 영화는 협약 190과 권고안 206에서 다루는 다양한 차원을 보여준다"고 말했다. 유엔과 유럽 연합이 주도하는 이 프로젝트는 여성과 소녀에 대한 폭력, 특히 여성 살해를 근절하는 데 기여하는 것을 목표로 한다.

이러한 [새로운 아르헨티나 영화는 성 폭력에 대한 논쟁을 촉진한다] 사례는 영화를 통해 성 폭력과 관련된 법률적인 내용들을 전달함으로써 시청자들의 지식, 기술, 역량, 태도 등을 향상시키는 코칭리더십의 "개발"이라는 하위요소를 너무나 잘 보여주고 있다.

더 나아가 수행평가는 피드백을 통해서 구성원들에게 책임을 부여하여, 자발적으로 직무를 수행하도록 돕고, 그 결과를 공정하게 평가하는 과정을 의미한다. 코칭리더십의 또 다른 중요한 하위요소는 구성원들이 수행한 과제나 업무에 대해서 스스로 책임을 지도록 도우며, 그 결과를 공정하고 정확하게 평가하는 수행평가이다.

이러한 수행평가는 피드백을 수반한다. 구성원들이 과업을 수행하는 데 있어서 어느 정도의 단계에 위치해 있는지 혹은 그 과업의 수행 결과가 어디에 위치해 있는지를 피드백함으로써 구성원들을 성장시키는 데 수행평가의 목적이 있다.

치치아로에 따르면, 쉰델의 새로운 연구는 "ILO의 글로벌 의제를 위한 매우 중요한 두 가지 이슈의 교차점에서 성별 관점을 우선시하기 위해 필요한 토론을 추진한다"고 말했다. 결국, 이 관계자는 이 영화가 "패권적 남성성과 그들의 인간관계에 대한 부정적인 영향을 반성하기 위한 초대이기도 하다"고 생각했다.

루시아 마르텔로트 유엔 아르헨티나 여성 프로그램 코디네이터는 "이 영화의 구성을 통해 성별에 따른 폭력의 복잡성과 다차원적 성격을 엿볼 수 있다"고 말했다. 마르텔로트는 "폭력을 가시화할 때뿐만 아니라 폭력을

다루는 공공 정책을 생각할 때 교차성을 고려하는 것
이 필수적이다."라고 언급했다.

이러한 [새로운 아르헨티나 영화는 성 폭력에 대한 논쟁을
촉진한다] 사례는 치치아로와 루시아의 발언에서 언급
하였듯이 시청자들이 성 폭력과 관련된 SDG 5의 과
업을 수행하는 데 있어서 어느 정도의 단계에 위치해
있는지 혹은 그 과업의 수행 결과가 어디에 위치해
있는지를 피드백함으로써 구성원들을 성장시키는 코
칭리더십의 "수행평가"라는 하위요소를 보여주고 있
다.

또한 관계는 격려, 칭찬, 지지 등을 통해 구성원들과 신뢰
에 기반한 수평적 관계를 형성하여 자발적으로 직무
에 몰입할 수 있도록 돕는 과정을 의미한다. 코칭리
더십은 구성원들과 상호 신뢰하는 인간관계를 맺는
것이 중요하다. 이 관계는 개방적인 특징을 가지고
있다.

조직 내에서 구성원들이 업무나 과제를 수행하는 과정에서

구성원들 상호 간의 관계가 성과에 영향을 미치기 때문에 무시할 수 없는 부분이다. 성과와 연관된 요인들 중 관계의 중요성이 점점 더 강조되고 있다. 따라서 구성원은 격려하고, 칭찬하며, 경청하고, 지지 함으로써 구성원들 간에 좋은 관계를 유지하는 것은 매우 중요하다. 이러한 관계는 대인관계지향적 특징을 가진다고 볼 수 있다.

유엔 여성은 양성평등을 강화하고 국가적 의제에 대한 여성의 권한을 증진시키는 것을 목표로 한다. 아르헨티나에서, 그 기관은 스포트라이트 이니셔티브에 참여하고 여성들과 소녀들에 대한 폭력을 예방하고 근절하는 것을 돕기 위해 다양한 분야에서 일하고 있다.

유엔 여성은 또한 "Win-Win, 양성평등은 좋은 사업을 의미한다"라는 프로젝트를 통해 여성의 경제적 권한을 촉진하는 프로그램에 참여하며, "한 번의 승리가 다른 승리로 이어진다"라는 이니셔티브를 가지고 있다. 스릴러 영화 '구속하는 범죄'는 실제 사건에서 영감을 받았고 미겔 앙헬 솔라, 소피아 갈라 카스틸리오네,

벤자민 아마데오와 함께 세실리아 로스가 주연을 맡았다.

이러한 [새로운 아르헨티나 영화는 성 폭력에 대한 논쟁을 촉진한다] 사례는 유엔 여성을 비롯하여 다양한 이니셔티브와 영화까지 다양한 기관의 다양한 구성원들이 서로 격려하고, 칭찬하며, 경청하고, 지지함으로써 구성원들 간에 좋은 관계를 유지하는 코칭리더십의 "관계"라는 하위요소를 보여주고 있다.

정리하면, [새로운 아르헨티나 영화는 성 폭력에 대한 논쟁을 촉진한다] 사례는 코칭리더십 관점에서 개인과 조직의 성과를 향상시키기 위해서 지속적인 대화를 통해 피드백을 주고 격려를 받게 하는 말과 행동의 과정으로, 조직의 리더가 구성원들과의 관계를 수평적으로 유지하며, 조직원들이 자신의 업무를 자발적으로 수행해 나가기 위해서 자신들의 숨겨진 잠재력을 극대화해 나가는 과정을 의미하며, 이러한 과정에서 구성원들 개개인의 특성을 이해하고 스스로 동기부여할 수 있도록 도움으로써 조직의 당면과제를 해결하고, 성과를 내도록 영향력을 끼치는 코칭리더십을 발휘하고 있다.

두 번째로 다양한 기업 사례들이 제시되었다. SDG 5 양성평등이라는 목표를 성취하기 위한 다양한 기업들의 다양한 사례들은 SDG 5를 실현하기 위한 각 세부목표에 적용되는 구체적이고 다채로운 기업의 사례는 매우 고무적이다. 다양한 기업의 사례는 여성을 불평등으로부터 보호하기 위한 동일 임금을 지급하는 것으로부터 출발하여 여성의 리더십을 향상시키기 위한 다양한 육성 프로그램에 이르기까지 기업은 자신의 제품과 서비스, 그리고 자본을 활용하여 다양하게 나타났다.

이와 같은 SDG 5 양성평등이라는 목표를 성취하기 위한 기업들의 사례들은 매우 고무적이다. 세부목표인 [5.1 모든 곳의 모든 여성과 소녀에 대한 모든 형태의 차별을 종식시킨다.]의 실현에 해당되는 사례는 필립 모리스와 갭 사례이다.

필립 모리스 인터네셔널 사례는 코칭리더십의 "방향제시"와 "수행평가"라는 하위요소를 잘 보여주고 있다.

방향제시는 구성원들이 구체적인 목표를 스스로 설정해 나갈 수 있도록 리더가 도와주는 과정을 의미한다. 코칭리더십은 구성원들의 과제나 업무가 어떤 목표 혹은 목적을 향하여 나아갈 수 있도록 방향을 제시하는 리더십을 의미한다.

코칭리더십에서 이러한 방향제시가 중요한 이유는 구성원들이 성과를 내도록 영향력을 끼치는 과정에서 목표를 설정하는 것이 출발점이 되기 때문이다. 또한 이러한 방향제시는 구성원들의 개인적인 비전 혹은 업무와 연관된 조직의 비전과 연관되도록 하는 것이 효과적이다. 따라서 코칭리더십의 방향제시라는 하위요소는 성과지향적 혹은 과업지향적 특성을 가진다고 볼 수 있다.

필립 모리스 인터내셔널(PMI)은 82,000명의 다양한 노동력에서 여성과 소녀들에게 힘을 실어주고 기회를 제공하기 위해 노력하고 있다. 예를 들어, 뉴욕에 본사를 둔 미국 기업 PMI는 PMI가 운영 센터를 가진 스위스에 있는 첫 번째 다국적 기업으로서 균등한 급여(Equal Salary) 지위를 부여받았다.

PMI는 모든 고용 관련 결정에 대해 성과에 기반한 접근법을 취하며 연령, 육아 책임, 장애, 민족, 성별, 성별 표현, 성적 지향, 종교, 임신 또는 기타 보호되는 개인 특성에 따라 기여하거나 발전할 수 있는 기회를 제한하지 않는다.

이러한 필립 모리스 인터네셔널 사례는 세부목표인 [5.1 모든 곳의 모든 여성과 소녀에 대한 모든 형태의 차별을 종식시킨다.]라는 목표에 부합한 방향을 제시함으로써 코칭리더십의 "방향제시"라는 하위요소를 보여주고 있다.

이러한 "방향제시"는 모든 고용 관련 결정에 대해 성과에 기반한 접근법을 취하며 연령, 육아 책임, 장애, 민족, 성별, 성별 표현, 성적 지향, 종교, 임신 또는 기타 보호되는 개인 특성에 따라 기여하거나 발전할 수 있는 기회를 제한하지 않는 것으로 구체화되어 실행되고 있다.

또한 수행평가는 피드백을 통해서 구성원들에게 책임을 부여하여, 자발적으로 직무를 수행하도록 돕고, 그 결과를 공정하게 평가하는 과정을 의미한다. 코칭리더십의 또 다른 중요한 하위요소는 구성원들이 수행한 과제나 업무에 대해서 스스로 책임을 지도록 도우며, 그 결과를 공정하고 정확하게 평가하는 수행평가이다.

이러한 수행평가는 피드백을 수반한다. 구성원들이 과업을 수행하는 데 있어서 어느 정도의 단계에 위치해 있는지 혹은 그 과업의 수행 결과가 어디에 위치해 있는지를 피드백함으로써 구성원들을 성장시키는 데 수행평가의 목적이 있다.

필립 모리스 인터내셔널(PMI)은 82,000명의 다양한 노동력에서 여성과 소녀들에게 힘을 실어주고 기회를 제공하기 위해 노력하고 있다. 예를 들어, 뉴욕에 본사를 둔 미국 기업 PMI는 PMI가 운영 센터를 가진 스위스에 있는 첫 번째 다국적 기업으로서 균등한 급여(Equal Salary) 지위를 부여받았다.

균등한 급여(Equal Salary)는 노동시장 이슈 전문기관인 제네바대학 고용관측소와 협업해 운영하는 단체다. 이 단체는 여성과 남성에게 동등한 보상에 대한 인증을 제공한다. PMI는 공인된 균등한 급여 지위를 다른 지역으로 확대하기 위해 노력하고 있다.

이러한 필립 모리스 인터네셔널 사례는 필립 모리스 인터네셔널이 균등한 급여 지위를 받은 것과 그 지위를 다른 지역으로 확대하기 위해서 노력하는 것을 통해 세부목표 SDG 5.1의 과업을 수행하는 데 있어서 필립 모리스 인터네셔널이 어느 정도의 단계에 위치해 있는지 혹은 그 과업의 수행 결과가 어디에 위치해 있는지를 피드백함으로써 구성원들을 성장시키는 코칭리더십의 "수행평가"라는 하위요소를 보여주고 있다.

또한 갭 사례는 코칭리더십의 "방향제시", "개발", "수행평가", "관계"라는 하위요소를 잘 보여주고 있다.

방향제시는 구성원들이 구체적인 목표를 스스로 설정해 나
갈 수 있도록 리더가 도와주는 과정을 의미한다. 코
칭리더십은 구성원들의 과제나 업무가 어떤 목표 혹
은 목적을 향하여 나아갈 수 있도록 방향을 제시하는
리더십을 의미한다.

코칭리더십에서 이러한 방향제시가 중요한 이유는 구성원들
이 성과를 내도록 영향력을 끼치는 과정에서 목표를
설정하는 것이 출발점이 되기 때문이다. 또한 이러한
방향제시는 구성원들의 개인적인 비전 혹은 업무와
연관된 조직의 비전과 연관되도록 하는 것이 효과적
이다. 따라서 코칭리더십의 방향제시라는 하위요소는
성과지향적 혹은 과업지향적 특성을 가진다고 볼 수
있다.

갭은 1969년 여성과 남성, 즉 도리스 피셔와 그녀의 남편
돈 사이의 동등한 투자로 설립되었다. 오늘날, 여성들
은 회사 노동력의 약 73%를 차지한다. 5개 브랜드의

고객 대부분은 여성이다. 양성평등은 회사 문화와 일의 구조에 내재되어 있다.

이러한 갭 사례는 세부목표인 [5.1 모든 곳의 모든 여성과 소녀에 대한 모든 형태의 차별을 종식시킨다.]라는 목표에 부합한 방향을 제시함으로써 코칭리더십의 "방향제시"라는 하위요소를 보여주고 있다.

또한 개발은 구성원들에게 기회를 제공하여 학습할 수 있도록 도움으로써 스스로의 역량을 향상할 수 있도록 돕는 과정을 의미한다. 코칭리더십에서 가장 중요한 측면 중 하나는 구성원들의 지식, 기술, 역량, 태도 등을 향상할 수 있도록 돕는 과정인 개발이라는 하위요소이다.

이러한 지식, 기술, 역량, 태도 등의 향상은 성과를 향상시키는 것과 연결되어져야 한다. 이러한 측면에서 개발은 구성원을 육성하는 것과 연결되어진 개념이라고 볼 수 있다.

갭의 P.A.C.E. 프로그램은 여성들이 직장과 가정에서 발전할 수 있는 기술과 자신감을 갖게 한다. 전 세계 의류 노동자의 80%가 여성임에도 불구하고 상대적으로 더 높은 직급으로 승진하는 사람은 거의 없다. 여성 의류 노동자들에게 생활 기술 수업을 제공하는 교육 프로그램으로 설계된 총체적 커리큘럼은 커뮤니케이션 기술, 재정적 리터러시, 시간 및 스트레스 관리, 문제 해결 및 의사 결정과 같은 9개 과목의 최대 80시간 수업을 포함한다.

갭은 2007년 P.A.C.E.를 시작한 이래 10개국 30,000명 이상의 여성이 이 프로그램에 참여했으며, 2015년 9월 GAP는 2020년까지 전 세계 100만 명의 여성에게 이 프로그램을 확대하겠다고 발표했다. P.A.C.E.의 평가 결과는 이 프로그램이 여성의 지식, 기술, 그리고 자신감을 발전시키고, 여성과 그 가족의 삶을 향상시킨다는 것을 보여주었다. 이 프로그램은 또한 이직과 결근을 줄임으로써 사업적 영향이 크다.

갭은 옷을 만드는 여성만을 대상으로 하던 프로그램을 주변 커뮤니티에 여성을 포함하도록 점차 확대하고 있으며, 청소년 소녀와 여성의 리더십에 초점을 맞춘 커리큘럼도 추가하고 있다. 또한, 이 프로그램은 그 범위와 영향력을 넓히기 위한 노력으로 현재 글로벌 파트너와 동료 기업에 제공되고 있다.

이러한 갭 사례는 갭의 P.A.C.E. 프로그램은 여성들이 직장과 가정에서 발전할 수 있는 기술과 자신감을 갖게 함으로써 여성들의 지식, 기술, 역량, 태도 등을 향상시키는 코칭리더십의 "개발"라는 하위요소를 너무나 잘 보여주고 있다.

특히 갭은 단지 옷을 만드는 여성만을 대상으로 하던 프로그램을 주변 커뮤니티 여성을 포함하도록 점차 학대하고 있으며, 청소년 소녀와 여성의 리더십에 초점을 맞춘 커리큘럼도 추가하고 있다. 이러한 갭의 노력들은 "개발"이라는 코칭리더십의 하위요소를 잘 나타내고 있다.

더 나아가 수행평가는 피드백을 통해서 구성원들에게 책임을 부여하여, 자발적으로 직무를 수행하도록 돕고, 그 결과를 공정하게 평가하는 과정을 의미한다. 코칭리더 십의 또 다른 중요한 하위요소는 구성원들이 수행한 과제나 업무에 대해서 스스로 책임을 지도록 도우며, 그 결과를 공정하고 정확하게 평가하는 수행평가이다.

이러한 수행평가는 피드백을 수반한다. 구성원들이 과업을 수행하는 데 있어서 어느 정도의 단계에 위치해 있는 지 혹은 그 과업의 수행 결과가 어디에 위치해 있는 지를 피드백함으로써 구성원들을 성장시키는 데 수행 평가의 목적이 있다.

2014년, 갭은 포춘지 선정 500대 기업 중 최초로 직원들에 게 동일한 임금을 지급한다고 발표했다. 게다가 2020 년은 갭이 성별 보고의 투명성과 여성의 권리 증진에 대한 회사의 약속으로 3년 연속 블룸버그 양성평등 지수에 포함되었다.

이러한 갭 사례는 3년 연속 블룸버그 양성평등 지수에 포함 됨으로써 SDG 5.1 세부목표를 수행하는 데 있어서 어느 정도의 단계에 위치해 있는지 혹은 그 과업의 수행 결과가 어디에 위치해 있는지를 피드백함으로써 구성원들을 성장시키는 코칭리더십의 "수행평가"라는 하위요소를 보여주고 있다.

또한 관계는 격려, 칭찬, 지지 등을 통해 구성원들과 신뢰에 기반한 수평적 관계를 형성하여 자발적으로 직무에 몰입할 수 있도록 돕는 과정을 의미한다. 코칭리더십은 구성원들과 상호 신뢰하는 인간관계를 맺는 것이 중요하다. 이 관계는 개방적인 특징을 가지고 있다.

조직 내에서 구성원들이 업무나 과제를 수행하는 과정에서 구성원들 상호 간의 관계가 성과에 영향을 미치기 때문에 무시할 수 없는 부분이다. 성과와 연관된 요인들 중 관계의 중요성이 점점 더 강조되고 있다. 따라서 구성원은 격려하고, 칭찬하며, 경청하고, 지지 함으로써 구성원들 간에 좋은 관계를 유지하는 것은 매우 중요하다. 이러한 관계는 대인관계지향적 특징을 가진다고 볼 수 있다.

갭은 옷을 만드는 여성만을 대상으로 하던 프로그램을 주변 커뮤니티에 여성을 포함하도록 점차 확대하고 있으며, 청소년 소녀와 여성의 리더십에 초점을 맞춘 커리큘럼도 추가하고 있다. 또한, 이 프로그램은 그 범위와 영향력을 넓히기 위한 노력으로 현재 글로벌 파트너와 동료 기업에 제공되고 있다.

이러한 갭 사례는 옷 만드는 여성으로부터 확대하여, 주변 커뮤니티 여성, 청소년 소녀와 여성 리더십의 초점을 맞춘 프로그램을 글로벌 파트너와 동료 기업에 제공함으로써 서로 격려하고, 칭찬하며, 경청하고, 지지함으로써 파트너들과 동료 기업 간에 좋은 관계를 유지하는 코칭리더십의 "관계"라는 하위요소를 보여주고 있다.

정리하면, 세부목표 [5.1 모든 곳의 모든 여성과 소녀에 대한 모든 형태의 차별을 종식시킨다.]의 실현에 해당되는 필립 모리스 인터네셔널과 갭 사례는 코칭리더십 관점에서 개인과 조직의 성과를 향상시키기 위해서 지속적인 대화를 통해 피드백을 주고 격려를 받게 하는 말과 행동의 과정으로, 조직의 리더가 구성원들과의 관계를 수평적으로 유지하며, 조직원들이 자신의 업무를 자발적으로 수행해 나가기 위해서 자신들의 숨겨진 잠재력을 극대화해 나가는 과정을 의미하며, 이러한 과정에서 구성원들 개개인의 특성을 이해하고 스스로 동기부여 할 수 있도록 도움으로써 조직의 당면과제를 해결하고, 성과를 내도록 영향력을 끼치는 코칭리더십을 발휘하고 있다.

또한 세부목표 [5.4 공공 서비스, 기반시설 그리고 사회적 보호정책을 제공하고, 국가별로 적절하게 가정 내 가족의 책임분담을 유도함으로써 무상돌봄과 가사노동에 대해 인정하고 가치를 부여한다.], [5.5 정치, 경제, 그리고 공적 생활의 모든 의사결정수준에서 리더십에 대한 여성의 완전하고 효과적인 참여와 동등한 기회를 보장한다.]에 해당되는 사례는 씨티 그룹, 노보자임, 갭, 코카콜라 컴패니, 월마트, 마스터카드 사례가 있다.

시티그룹 사례는 코칭리더십의 "방향제시"와 "관계"라는 하위요소를 잘 보여주고 있다.

방향제시는 구성원들이 구체적인 목표를 스스로 설정해 나갈 수 있도록 리더가 도와주는 과정을 의미한다. 코칭리더십은 구성원들의 과제나 업무가 어떤 목표 혹은 목적을 향하여 나아갈 수 있도록 방향을 제시하는 리더십을 의미한다.

코칭리더십에서 이러한 방향제시가 중요한 이유는 구성원들이 성과를 내도록 영향력을 끼치는 과정에서 목표를 설정하는 것이 출발점이 되기 때문이다. 또한 이러한 방향제시는 구성원들의 개인적인 비전 혹은 업무와 연관된 조직의 비전과 연관되도록 하는 것이 효과적이다. 따라서 코칭리더십의 방향제시라는 하위요소는 성과지향적 혹은 과업지향적 특성을 가진다고 볼 수 있다.

2017년에 씨티는 세계은행 그룹의 일원인 IFC가 신흥시장의 여성 소유 기업과 저소득 커뮤니티에 혜택을 주는 프로젝트를 위한 자금 조달을 확대하기 위해 3년 5억 달러 규모의 최초 사회적 채권을 발행하도록 도왔다. 채권 수익금의 일부는 여성이 자금 조달을 할 수 있도록 여성 기업가에게 대출을 제공하는 금융 기관을 지원하는 데 사용되었다.

또한, 다양성과 포용성에 대한 시티의 깊고 장기적인 약속을 확인하고 여성 소유 기업의 성장과 성공을 지원하기 위해 시티는 7명의 여성 소유 브로커-딜러를 고용하여 25억 달러 규모의 Citibank, N.A. 채권 발행을 주도했다. 이는 시티가 자본 시장과 경제의 다양성을 촉진하는 역할을 하고 있음을 보여준다.

이러한 시티그룹 사례는 세부목표인 [5.5 정치, 경제, 그리고 공적 생활의 모든 의사결정수준에서 리더십에 대한 여성의 완전하고 효과적인 참여와 동등한 기회를 보장한다.]라는 목표에 부합한 방향을 제시함으로써 코칭리더십의 "방향제시"라는 하위요소를 보여주고 있다.

이러한 "방향제시"는 신흥시장의 여성 소유 기업과 저소득 커뮤니티에 혜택을 주는 프로젝트로 구체화되어 실행되었고, 여성 소유 기업의 성장과 성공을 지원하기 위해 시티는 7명의 여성 소유 브로커-딜러를 고용하여 25억 달러 규모의 Citibank, N.A. 채권 발행을 주도했다.

또한 관계는 격려, 칭찬, 지지 등을 통해 구성원들과 신뢰에 기반한 수평적 관계를 형성하여 자발적으로 직무에 몰입할 수 있도록 돕는 과정을 의미한다. 코칭리더십은 구성원들과 상호 신뢰하는 인간관계를 맺는 것이 중요하다. 이 관계는 개방적인 특징을 가지고 있다.

조직 내에서 구성원들이 업무나 과제를 수행하는 과정에서 구성원들 상호 간의 관계가 성과에 영향을 미치기 때문에 무시할 수 없는 부분이다. 성과와 연관된 요인들 중 관계의 중요성이 점점 더 강조되고 있다. 따라서 구성원은 격려하고, 칭찬하며, 경청하고, 지지 함으로써 구성원들 간에 좋은 관계를 유지하는 것은 매우 중요하다. 이러한 관계는 대인관계지향적 특징을 가진다고 볼 수 있다.

2017년에 씨티는 세계은행 그룹의 일원인 IFC가 신흥시장의 여성 소유 기업과 저소득 커뮤니티에 혜택을 주는 프로젝트를 위한 자금 조달을 확대하기 위해 3년 5억 달러 규모의 최초 사회적 채권을 발행하도록 도왔다. 채권 수익금의 일부는 여성이 자금 조달을 할 수 있도록 여성 기업가에게 대출을 제공하는 금융 기관을 지원하는 데 사용되었다.

이러한 시티그룹 사례는 신흥시장 여성 소유 기업과 저소득 커뮤니티에 혜택을 제공함으로써 서로 격려하고 이러한 과정에서 많은 파트너들과 이해관계자들 간에 좋은 관계를 유지하여 좋은 성과에 기여하는 코칭리더십의 "관계"라는 하위요소를 보여주고 있다.

또한 노보자임 사례는 코칭리더십의 "방향제시"와 "관계"라는 하위요소를 잘 보여주고 있다.

방향제시는 구성원들이 구체적인 목표를 스스로 설정해 나갈 수 있도록 리더가 도와주는 과정을 의미한다. 코칭리더십은 구성원들의 과제나 업무가 어떤 목표 혹은 목적을 향하여 나아갈 수 있도록 방향을 제시하는 리더십을 의미한다.

코칭리더십에서 이러한 방향제시가 중요한 이유는 구성원들이 성과를 내도록 영향력을 끼치는 과정에서 목표를 설정하는 것이 출발점이 되기 때문이다. 또한 이러한 방향제시는 구성원들의 개인적인 비전 혹은 업무와 연관된 조직의 비전과 연관되도록 하는 것이 효과적이다. 따라서 코칭리더십의 방향제시라는 하위요소는 성과지향적 혹은 과업지향적 특성을 가진다고 볼 수 있다.

노보자임은 2020년까지 고위 관리직에 30%의 여성을 두는 장기적인 목표를 가지고 있다. 다양성 목표 달성의 중요성을 강조하기 위해, 다양성이 노보자임 채용의 핵심으로 유지되도록 하는 과정이 확립되었다.

이러한 노보자임 사례는 세부목표인 [5.5 정치, 경제, 그리고 공적 생활의 모든 의사결정수준에서 리더십에 대한 여성의 완전하고 효과적인 참여와 동등한 기회를 보장한다.]라는 목표에 부합한 방향을 제시함으로써 코칭리더십의 "방향제시"라는 하위요소를 보여주고 있다.

이러한 "방향제시"는 노보자임으로 하여금 2020년까지 고위 관리직에 30%의 여성을 두는 장기적인 목표를 가지게 하였고, 다양성 목표 달성의 중요성을 강조하기 위해, 다양성이 노보자임 채용의 핵심으로 유지되도록 하는 과정을 확립하게 하였다.

더 나아가 관계는 격려, 칭찬, 지지 등을 통해 구성원들과 신뢰에 기반한 수평적 관계를 형성하여 자발적으로 직무에 몰입할 수 있도록 돕는 과정을 의미한다. 코칭리더십은 구성원들과 상호 신뢰하는 인간관계를 맺는 것이 중요하다. 이 관계는 개방적인 특징을 가지고 있다.

조직 내에서 구성원들이 업무나 과제를 수행하는 과정에서 구성원들 상호 간의 관계가 성과에 영향을 미치기 때문에 무시할 수 없는 부분이다. 성과와 연관된 요인들 중 관계의 중요성이 점점 더 강조되고 있다. 따라서 구성원은 격려하고, 칭찬하며, 경청하고, 지지 함으로써 구성원들 간에 좋은 관계를 유지하는 것은 매우 중요하다. 이러한 관계는 대인관계지향적 특징을 가진다고 볼 수 있다.

노보자임은 리더 간의 다양성을 더욱 촉진한다는 목표를 가지고 있으며 경영 및 승계 계획 프로세스를 위한 글로벌 인재풀을 통해 이러한 집중력을 지속적으로 높이고 있다. 덴마크에서, 노보자임은 더 많은 여성들을 지도적 역할로 끌어들이기 위해 15개 덴마크 기업의 최고 지도자들을 모으는 계획인 젠더 다양성 원탁회의의 회원이다.

이러한 노보자임 사례는 덴마크에서, 노보자임은 더 많은 여성들을 지도적 역할로 끌어들이기 위해 15개 덴마크 기업의 최고 지도자들을 모으는 계획인 젠더 다양성 원탁회의의 회원으로서 서로 격려하고 이러한 과정에서 많은 파트너들과 이해관계자들 간에 좋은 관계를 유지하여 좋은 성과에 기여하는 코칭리더십의 "관계"라는 하위요소를 보여주고 있다.

또한 코카콜라 사례는 코칭리더십의 "방향제시", "개발", "관계"라는 하위요소를 잘 보여주고 있다.

방향제시는 구성원들이 구체적인 목표를 스스로 설정해 나갈 수 있도록 리더가 도와주는 과정을 의미한다. 코칭리더십은 구성원들의 과제나 업무가 어떤 목표 혹은 목적을 향하여 나아갈 수 있도록 방향을 제시하는 리더십을 의미한다.

코칭리더십에서 이러한 방향제시가 중요한 이유는 구성원들이 성과를 내도록 영향력을 끼치는 과정에서 목표를 설정하는 것이 출발점이 되기 때문이다. 또한 이러한 방향제시는 구성원들의 개인적인 비전 혹은 업무와 연관된 조직의 비전과 연관되도록 하는 것이 효과적이다. 따라서 코칭리더십의 방향제시라는 하위요소는

성과지향적 혹은 과업지향적 특성을 가진다고 볼 수 있다.

코카콜라는 2020년까지 전 세계 가치 사슬에서 500만 명의 여성의 경제적 권한을 가능하게 하겠다고 약속했다. 5 by 20이라고 불리는 이 계획은 2010년에 시작되었다. 2013년 말까지, 5x20은 전 세계 44개국에서 55만 명 이상의 여성의 경제적 권한을 가능하게 했다. 코카콜라는 기업, 정부, 시민 사회의 황금 삼각지대를 가로질러 이 중요한 분야에서 진전을 이루기 위해 독특한 전문성, 범위, 기술을 가져오기 위해 노력하고 있다.

이러한 코카콜라 사례는 세부목표인 [5.5 정치, 경제, 그리고 공적 생활의 모든 의사결정수준에서 리더십에 대한 여성의 완전하고 효과적인 참여와 동등한 기회를 보장한다.]라는 목표에 부합한 방향을 제시함으로써 코칭리더십의 "방향제시"라는 하위요소를 보여주고 있다.

이러한 "방향제시"를 통해서 코카콜라는 2020년까지 전 세계 가치 사슬에서 500만 명의 여성의 경제적 권한을 가능하게 하겠다고 약속했다. 5 by 20이라고 불리는 이 계획은 2010년에 시작되었다. 2013년 말까지, 5x20은 전 세계 44개국에서 55만 명 이상의 여성의 경제적 권한을 가능하게 했다.

또한 개발은 구성원들에게 기회를 제공하여 학습할 수 있도록 도움으로써 스스로의 역량을 향상할 수 있도록 돕는 과정을 의미한다. 코칭리더십에서 가장 중요한 측면 중 하나는 구성원들의 지식, 기술, 역량, 태도 등을 향상할 수 있도록 돕는 과정인 개발이라는 하위요소이다.

이러한 지식, 기술, 역량, 태도 등의 향상은 성과를 향상시키는 것과 연결되어져야 한다. 이러한 측면에서 개발은 구성원을 육성하는 것과 연결되어진 개념이라고 볼 수 있다.

코카콜라는 2020년까지 전 세계 가치 사슬에서 500만 명

의 여성의 경제적 권한을 가능하게 하겠다고 약속했
다. 5 by 20이라고 불리는 이 계획은 2010년에 시
작되었다. 2013년 말까지, 5x20은 전 세계 44개국
에서 55만 명 이상의 여성의 경제적 권한을 가능하게
했다. 코카콜라는 기업, 정부, 시민 사회의 황금 삼각
지대를 가로질러 이 중요한 분야에서 진전을 이루기
위해 독특한 전문성, 범위, 기술을 가져오기 위해 노
력하고 있다.

이러한 코카콜라 사례는 기업, 정부, 시민 사회의 황금 삼
각지대를 가로질러 이 중요한 분야에서 진전을 이루
기 위해 독특한 전문성, 범위, 기술을 가져오기 위해
노력함으로써 여성들의 지식, 기술, 역량, 태도 등을
향상시키는 코칭리더십의 "개발"라는 하위요소를 너무
나 잘 보여주고 있다.

또한 관계는 격려, 칭찬, 지지 등을 통해 구성원들과 신뢰
에 기반한 수평적 관계를 형성하여 자발적으로 직무
에 몰입할 수 있도록 돕는 과정을 의미한다. 코칭리
더십은 구성원들과 상호 신뢰하는 인간관계를 맺는

것이 중요하다. 이 관계는 개방적인 특징을 가지고 있다.

조직 내에서 구성원들이 업무나 과제를 수행하는 과정에서 구성원들 상호 간의 관계가 성과에 영향을 미치기 때문에 무시할 수 없는 부분이다. 성과와 연관된 요인들 중 관계의 중요성이 점점 더 강조되고 있다. 따라서 구성원은 격려하고, 칭찬하며, 경청하고, 지지 함으로써 구성원들 간에 좋은 관계를 유지하는 것은 매우 중요하다. 이러한 관계는 대인관계지향적 특징을 가진다고 볼 수 있다.

코카콜라는 2020년까지 전 세계 가치 사슬에서 500만 명의 여성의 경제적 권한을 가능하게 하겠다고 약속했다. 5 by 20이라고 불리는 이 계획은 2010년에 시작되었다. 2013년 말까지, 5x20은 전 세계 44개국에서 55만 명 이상의 여성의 경제적 권한을 가능하게 했다. 코카콜라는 기업, 정부, 시민 사회의 황금 삼각지대를 가로질러 이 중요한 분야에서 진전을 이루기 위해 독특한 전문성, 범위, 기술을 가져오기 위해 노력하고 있다.

이러한 코카콜라 사례는 기업, 정부, 시민 사회와 같은 다
양한 이해관계자들 간에 좋은 관계를 유지하는 코칭
리더십의 "관계"라는 하위요소를 보여주고 있다.

월마트 사례는 코칭리더십의 "방향제시", "개발", "관계"라
는 하위요소를 잘 보여주고 있다.

방향제시는 구성원들이 구체적인 목표를 스스로 설정해 나
갈 수 있도록 리더가 도와주는 과정을 의미한다. 코
칭리더십은 구성원들의 과제나 업무가 어떤 목표 혹
은 목적을 향하여 나아갈 수 있도록 방향을 제시하는
리더십을 의미한다.

코칭리더십에서 이러한 방향제시가 중요한 이유는 구성원들
이 성과를 내도록 영향력을 끼치는 과정에서 목표를
설정하는 것이 출발점이 되기 때문이다. 또한 이러한
방향제시는 구성원들의 개인적인 비전 혹은 업무와
연관된 조직의 비전과 연관되도록 하는 것이 효과적

이다. 따라서 코칭리더십의 방향제시라는 하위요소는
성과지향적 혹은 과업지향적 특성을 가진다고 볼 수
있다.

월마트는 특히 소매 기회, 책임 있는 공급망 및 포괄적인
소싱을 통해 양성평등을 다루고 있다. 2025년까지 경
력 성장을 개선하기 위한 기술을 갖추기 위해 수백만
명의 동료에게 집중적인 훈련 프로그램을 실시한다는
목표의 일환으로, 훈련받은 동료의 60%가 여성이었
다.

게다가, 여성들은 월마트 이사회에서 미국 경영진의 43%와
임원진의 32%를 차지한다. 2011년과 2017년 사이에
월마트 재단은 60만 명 이상의 여성 농부들을 위한
교육을 후원했다. 또한 월마트는 2012년부터 2019년
까지 여성 소유의 사업체에 300억 달러를 투자했다.

이러한 월마트 사례는 세부목표인 [5.5 정치, 경제, 그리고
공적 생활의 모든 의사결정수준에서 리더십에 대한
여성의 완전하고 효과적인 참여와 동등한 기회를 보

장한다.]라는 목표에 부합한 방향을 제시함으로써 코칭리더십의 "방향제시"라는 하위요소를 보여주고 있다.

이러한 "방향제시"를 통해서 월마트는 특히 소매 기회, 책임 있는 공급망 및 포괄적인 소싱을 통해 양성평등을 다루고 있다. 또한 여성들이 월마트 이사회에서 미국 경영진의 43%와 임원진의 32%를 차지한다.

또한 개발은 구성원들에게 기회를 제공하여 학습할 수 있도록 도움으로써 스스로의 역량을 향상할 수 있도록 돕는 과정을 의미한다. 코칭리더십에서 가장 중요한 측면 중 하나는 구성원들의 지식, 기술, 역량, 태도 등을 향상할 수 있도록 돕는 과정인 개발이라는 하위요소이다.

이러한 지식, 기술, 역량, 태도 등의 향상은 성과를 향상시키는 것과 연결되어져야 한다. 이러한 측면에서 개발은 구성원을 육성하는 것과 연결되어진 개념이라고 볼 수 있다.

월마트는 특히 소매 기회, 책임 있는 공급망 및 포괄적인 소싱을 통해 양성평등을 다루고 있다. 2025년까지 경력 성장을 개선하기 위한 기술을 갖추기 위해 수백만 명의 동료에게 집중적인 훈련 프로그램을 실시한다는 목표의 일환으로, 훈련받은 동료의 60%가 여성이었다.

게다가, 여성들은 월마트 이사회에서 미국 경영진의 43%와 임원진의 32%를 차지한다. 2011년과 2017년 사이에 월마트 재단은 60만 명 이상의 여성 농부들을 위한 교육을 후원했다. 또한 월마트는 2012년부터 2019년까지 여성 소유의 사업체에 300억 달러를 투자했다.

이러한 월마트 사례는 2025년까지 경력 성장을 개선하기 위한 기술을 갖추기 위해 수백만 명의 동료에게 집중적인 훈련 프로그램을 실시한다는 목표의 일환으로, 훈련받은 동료의 60%가 여성이었다. 2011년과 2017년 사이에 월마트 재단은 60만 명 이상의 여성 농부들을 위한 교육을 후원했다. 월마트는 이러한 노력을

함으로써 여성들의 지식, 기술, 역량, 태도 등을 향상
시키는 코칭리더십의 "개발"라는 하위요소를 너무나
잘 보여주고 있다.

또한 관계는 격려, 칭찬, 지지 등을 통해 구성원들과 신뢰
에 기반한 수평적 관계를 형성하여 자발적으로 직무
에 몰입할 수 있도록 돕는 과정을 의미한다. 코칭리
더십은 구성원들과 상호 신뢰하는 인간관계를 맺는
것이 중요하다. 이 관계는 개방적인 특징을 가지고
있다.

조직 내에서 구성원들이 업무나 과제를 수행하는 과정에서
구성원들 상호 간의 관계가 성과에 영향을 미치기 때
문에 무시할 수 없는 부분이다. 성과와 연관된 요인
들 중 관계의 중요성이 점점 더 강조되고 있다. 따라
서 구성원은 격려하고, 칭찬하며, 경청하고, 지지 함
으로써 구성원들 간에 좋은 관계를 유지하는 것은 매
우 중요하다. 이러한 관계는 대인관계지향적 특징을
가진다고 볼 수 있다.

월마트는 특히 소매 기회, 책임 있는 공급망 및 포괄적인 소싱을 통해 양성평등을 다루고 있다. 2025년까지 경력 성장을 개선하기 위한 기술을 갖추기 위해 수백만 명의 동료에게 집중적인 훈련 프로그램을 실시한다는 목표의 일환으로, 훈련받은 동료의 60%가 여성이었다.

게다가, 여성들이 월마트 이사회에서 미국 경영진의 43%와 임원진의 32%를 차지한다. 2011년과 2017년 사이에 월마트 재단은 60만 명 이상의 여성 농부들을 위한 교육을 후원했다. 또한 월마트는 2012년부터 2019년까지 여성 소유의 사업체에 300억 달러를 투자했다.

이러한 월마트 사례는 경영진과 조직구성원, 그리고 여성 농부들과 같은 공급망 내에 파트너들 간에 좋은 관계를 유지하는 코칭리더십의 "관계"라는 하위요소를 보여주고 있다.

마스터 카드 사례는 코칭리더십의 "방향제시", "개발", "관계"라는 하위요소를 잘 보여주고 있다.

방향제시는 구성원들이 구체적인 목표를 스스로 설정해 나
갈 수 있도록 리더가 도와주는 과정을 의미한다. 코
칭리더십은 구성원들의 과제나 업무가 어떤 목표 혹
은 목적을 향하여 나아갈 수 있도록 방향을 제시하는
리더십을 의미한다.

코칭리더십에서 이러한 방향제시가 중요한 이유는 구성원들
이 성과를 내도록 영향력을 끼치는 과정에서 목표를
설정하는 것이 출발점이 되기 때문이다. 또한 이러한
방향제시는 구성원들의 개인적인 비전 혹은 업무와
연관된 조직의 비전과 연관되도록 하는 것이 효과적
이다. 따라서 코칭리더십의 방향제시라는 하위요소는
성과지향적 혹은 과업지향적 특성을 가진다고 볼 수
있다.

"프로젝트 인스파이어: 세상을 바꾸는 5분"은 젊은 변화자들
이 아시아와 태평양의 여성과 소녀들에게 더 나은 세
상을 만들 수 있도록 돕기 위한 싱가포르 유엔 여성
및 마스터카드 위원회의 공동 이니셔티브다.

이러한 마스터 카드 사례는 세부목표인 [5.5 정치, 경제, 그리고 공적 생활의 모든 의사결정수준에서 리더십에 대한 여성의 완전하고 효과적인 참여와 동등한 기회를 보장한다.]라는 목표에 부합한 방향을 제시함으로써 코칭리더십의 "방향제시"라는 하위요소를 보여주고 있다.

이러한 "방향제시"를 통해서 마스터 카드는 "프로젝트 인스파이어: 세상을 바꾸는 5분"이라는 이니셔티브를 실행함으로써 젊은 변화자들이 아시아와 태평양의 여성과 소녀들에게 더 나은 세상을 만들 수 있도록 돕고 있다.

또한 개발은 구성원들에게 기회를 제공하여 학습할 수 있도록 도움으로써 스스로의 역량을 향상할 수 있도록 돕는 과정을 의미한다. 코칭리더십에서 가장 중요한 측면 중 하나는 구성원들의 지식, 기술, 역량, 태도 등을 향상할 수 있도록 돕는 과정인 개발이라는 하위요소이다.

이러한 지식, 기술, 역량, 태도 등의 향상은 성과를 향상시키는 것과 연결되어져야 한다. 이러한 측면에서 개발은 구성원을 육성하는 것과 연결되어진 개념이라고 볼 수 있다.

마스터카드는 이미 16개국 22,000명의 소녀들에게 도달한 글로벌 과학과 수학 표준에 기반을 둔 시그니처 교육 프로그램인 걸스4테크를 2014년에 만들어 출시했다. 이 실제적인 탐구 기반 프로그램은 사업의 기초를 과학, 기술, 공학, 수학(STEM) 원리에 연결하고 학생들에게 STEM 경력을 추구하기 위해서는 모든 종류의 관심과 기술이 필요하다는 것을 보여준다.

어린 소녀들이 미래의 리더가 되고 STEM 경력을 쌓는 데 도움이 되는 STEM 기술을 구축하도록 영감을 주기 위해 설계된 이 제품은 알고리즘, 암호화, 부정 행위 탐지, 데이터 분석, 디지털 컨버전스 및 네트워크의 파워와 같은 비즈니스 기반을 강조하는 마스터카드의 결제 기술을 선보인다.

이러한 마스터 카드 사례는 6개국 22,000명의 소녀들에게 도달한 글로벌 과학과 수학 표준에 기반을 둔 시그니처 교육 프로그램인 걸스4테크를 2014년에 만들어 출시함으로써 어린 소녀들의 특히 STEM과 관련된 지식, 기술, 역량, 태도 등을 향상시키는 코칭리더십의 "개발"라는 하위요소를 너무나 잘 보여주고 있다.

또한 관계는 격려, 칭찬, 지지 등을 통해 구성원들과 신뢰에 기반한 수평적 관계를 형성하여 자발적으로 직무에 몰입할 수 있도록 돕는 과정을 의미한다. 코칭리더십은 구성원들과 상호 신뢰하는 인간관계를 맺는 것이 중요하다. 이 관계는 개방적인 특징을 가지고 있다.

조직 내에서 구성원들이 업무나 과제를 수행하는 과정에서 구성원들 상호 간의 관계가 성과에 영향을 미치기 때문에 무시할 수 없는 부분이다. 성과와 연관된 요인들 중 관계의 중요성이 점점 더 강조되고 있다. 따라서 구성원은 격려하고, 칭찬하며, 경청하고, 지지 함

으로써 구성원들 간에 좋은 관계를 유지하는 것은 매우 중요하다. 이러한 관계는 대인관계지향적 특징을 가진다고 볼 수 있다.

2011년 국제 여성의 날 100주년을 기념하여 시작된 프로젝트 인스파이어는 18-35세 청소년들에게 영감을 받은 아이디어를 제안하고, 미화 25,000달러의 보조금을 받을 수 있는 기회를 제공한다. 이 공모전에는 인도네시아 전통 염료 재배부터 2015년 남아프리카공화국 여성건강교육 어플리케이션까지 다양한 프로젝트로 전 세계 65개국 430여 명의 응모가 몰렸다.

마스터카드는 최근 양성평등을 해결하기 위해 마스터카드가 하고 있는 일을 목표 5에 대응하여 기브미 5 이니셔티브를 시작했다. 마스터카드는 나이지리아 및 이집트와 같은 정부와 협력하여 ID 솔루션을 결제와 연계하여 사람들이 대규모로 재정적으로 포함될 수 있도록 지원하고 있다.

UN Women과의 파트너십은 50만 명의 나이지리아 여성에게 전자 결제 기능이 가능한 신분증을 제공하여 양성평등과 여성의 경제적 권한을 증진시킬 것이다. 2Kuze는 나이로비의 MasterCard Labs for Financial Inclusion이 개발한 제품으로 농업 공급망을 디지털화하여 농장 문을 떠나지 못하게 하는 가사 일을 자주 하고, 그 과정에서 중개인으로부터 주어진 거래를 받아야 하는 경우가 더 많은 여성 농부를 지원한다.

이러한 마스터 카드 사례는 유엔 여성과의 파트너십을 통해서 좋은 관계를 유지하여 좋은 성과를 내는 코칭리더십의 "관계"라는 하위요소를 보여주고 있다.

정리하면, 세부목표 [5.5 정치, 경제, 그리고 공적 생활의 모든 의사결정수준에서 리더십에 대한 여성의 완전하고 효과적인 참여와 동등한 기회를 보장한다.]의 실현에 해당되는 시티그룹, 노보자임, 코카콜라, 월마트, 마스터 카드 사례는 코칭리더십 관점에서 개인과 조직의 성과를 향상시키기 위해서 지속적인 대화를 통해 피드백을 주고 격려를 받게 하는 말과 행동의 과정으로, 조직의 리더가 구성원들과의 관계를 수평적으로 유지하며, 조직원들이 자신의 업무를 자발적으로 수행해 나가기 위해서 자신들의 숨겨진 잠재력을 극대화해 나가는 과정을 의미하며, 이러한 과정에서 구성원들 개개인의 특성을 이해하고 스스로 동기부여할 수 있도록 도움으로써 조직의 당면과제를 해결하고, 성과를 내도록 영향력을 끼치는 코칭리더십을 발휘하고 있다.

더 나아가 세부목표 [5.6 국제인구개발회의 행동계획과 베이징 행동강령 및 그 검토회의 결과문서에서 합의한 대로 성 및 임신보건과 임신에 대한 권리를 보편적으로 접근할 수 있도록 보장한다.]에 기여하기 위한 사례는 P&G사례이다.

P&G 사례는 코칭리더십의 "방향제시", "개발", "관계"라는 하위요소를 잘 보여주고 있다.

방향제시는 구성원들이 구체적인 목표를 스스로 설정해 나갈 수 있도록 리더가 도와주는 과정을 의미한다. 코

칭리더십은 구성원들의 과제나 업무가 어떤 목표 혹은 목적을 향하여 나아갈 수 있도록 방향을 제시하는 리더십을 의미한다.

코칭리더십에서 이러한 방향제시가 중요한 이유는 구성원들이 성과를 내도록 영향력을 끼치는 과정에서 목표를 설정하는 것이 출발점이 되기 때문이다. 또한 이러한 방향제시는 구성원들의 개인적인 비전 혹은 업무와 연관된 조직의 비전과 연관되도록 하는 것이 효과적이다. 따라서 코칭리더십의 방향제시라는 하위요소는 성과지향적 혹은 과업지향적 특성을 가진다고 볼 수 있다.

P&G Always 브랜드는 12~14세 소녀들에게 좋은 개인 위생, 사춘기, 생리, 개인 관리에 대한 교육을 제공하는 Protecting Future Program을 통해 1,200만 명 이상의 청소년들에게 사춘기 교육을 제공해왔다. 2006년에 시작된 이 프로그램은 여학생들이 생리 기간 동안 수업을 듣고 학교에 머물 수 있도록 돕는 것을 목표로 하고 있다.

P&G는 '미래를 지켜라'라는 메시지로 3억 5,300만 명이 넘는 사람들에게 다가갔다. P&G의 Always, Tampax, Children's Safe Drinking Water, Safeguard와 같은 브랜드 제품군을 통해 총 501개의 욕실/화장실과 일회용 구덩이를 건설 및/또는 복구했다. 8백만 달러가 넘는 돈이 프로그램 자금에 투입되었다.

이러한 P&G 사례는 세부목표인 [5.6 국제인구개발회의 행동계획과 베이징 행동강령 및 그 검토회의 결과문서에서 합의한 대로 성 및 임신보건과 임신에 대한 권리를 보편적으로 접근할 수 있도록 보장한다.]라는 목표에 부합한 방향을 제시함으로써 코칭리더십의 "방향제시"라는 하위요소를 보여주고 있다.

이러한 "방향제시"를 통해서 P&G는 P&G Always 브랜드는 12~14세 소녀들에게 좋은 개인 위생, 사춘기, 생리, 개인 관리에 대한 교육을 제공하는 Protecting Future Program을 통해 1,200만 명 이상의 청소년들에게 사춘기 교육을 제공해왔다. 또한 P&G는 '미래를 지켜라'라는 메시지로 3억 5,300만 명이 넘는 사람들에게 다가갔다.

또한 개발은 구성원들에게 기회를 제공하여 학습할 수 있도록 도움으로써 스스로의 역량을 향상할 수 있도록 돕는 과정을 의미한다. 코칭리더십에서 가장 중요한 측면 중 하나는 구성원들의 지식, 기술, 역량, 태도 등을 향상할 수 있도록 돕는 과정인 개발이라는 하위요소이다.

이러한 지식, 기술, 역량, 태도 등의 향상은 성과를 향상시키는 것과 연결되어져야 한다. 이러한 측면에서 개발은 구성원을 육성하는 것과 연결되어진 개념이라고 볼 수 있다.

P&G Always 브랜드는 12~14세 소녀들에게 좋은 개인 위생, 사춘기, 생리, 개인 관리에 대한 교육을 제공하는 Protecting Future Program을 통해 1,200만 명 이상의 청소년들에게 사춘기 교육을 제공해왔다. 2006

년에 시작된 이 프로그램은 여학생들이 생리 기간 동안 수업을 듣고 학교에 머물 수 있도록 돕는 것을 목표로 하고 있다.

이러한 P&G 사례는 12~14세 소녀들에게 좋은 개인 위생, 사춘기, 생리, 개인 관리에 대한 교육을 제공하는 Protecting Future Program을 통해 1,200만 명 이상의 청소년들에게 사춘기 교육을 제공함으로써 성과 임신보건과 관련된 지식, 기술, 역량, 태도 등을 향상시키는 코칭리더십의 "개발"이라는 하위요소를 너무나 잘 보여주고 있다.

또한 관계는 격려, 칭찬, 지지 등을 통해 구성원들과 신뢰에 기반한 수평적 관계를 형성하여 자발적으로 직무에 몰입할 수 있도록 돕는 과정을 의미한다. 코칭리더십은 구성원들과 상호 신뢰하는 인간관계를 맺는 것이 중요하다. 이 관계는 개방적인 특징을 가지고 있다.

조직 내에서 구성원들이 업무나 과제를 수행하는 과정에서

구성원들 상호 간의 관계가 성과에 영향을 미치기 때문에 무시할 수 없는 부분이다. 성과와 연관된 요인들 중 관계의 중요성이 점점 더 강조되고 있다. 따라서 구성원은 격려하고, 칭찬하며, 경청하고, 지지 함으로써 구성원들 간에 좋은 관계를 유지하는 것은 매우 중요하다. 이러한 관계는 대인관계지향적 특징을 가진다고 볼 수 있다.

Protecting Future Program 프로그램은 아프리카에서 중동으로 확대되어 20개국에 성공적으로 영향을 미쳤다. 유엔난민기구(UNHCR: United Nations High Commissioner for Refugees - 유엔 난민 고등판무관 사무소)을 통해 225,000개 이상의 생리대와 4개의 팩 패드 샘플 3,000만 개가 배포됐다.

P&G는 '미래를 지켜라'라는 메시지로 3억 5,300만 명이 넘는 사람들에게 다가갔다. P&G의 Always, Tampax, Children's Safe Drinking Water, Safeguard와 같은 브랜드 제품군을 통해 총 501개의 욕실/화장실과 일회용 구덩이를 건설 및/또는 복

구했다. 8백만 달러가 넘는 돈이 프로그램 자금에 투입되었다.

이러한 P&G 사례는 유엔난민기구와의 파트너십을 통해서 좋은 관계를 유지하여 좋은 성과를 내는 코칭리더십의 "관계"라는 하위요소를 보여주고 있다.

또한 세부목표 [5.b 여성의 권익신장을 위해 실용기술 특히, 정보통신 기술 이용을 증진시킨다.]에 대한 사례는 퀄컴이 있다.

퀄컴 사례는 코칭리더십의 "방향제시", "개발", "관계"라는 하위요소를 잘 보여주고 있다.

방향제시는 구성원들이 구체적인 목표를 스스로 설정해 나갈 수 있도록 리더가 도와주는 과정을 의미한다. 코칭리더십은 구성원들의 과제나 업무가 어떤 목표 혹은 목적을 향하여 나아갈 수 있도록 방향을 제시하는 리더십을 의미한다.

코칭리더십에서 이러한 방향제시가 중요한 이유는 구성원들이 성과를 내도록 영향력을 끼치는 과정에서 목표를 설정하는 것이 출발점이 되기 때문이다. 또한 이러한 방향제시는 구성원들의 개인적인 비전 혹은 업무와 연관된 조직의 비전과 연관되도록 하는 것이 효과적이다. 따라서 코칭리더십의 방향제시라는 하위요소는 성과지향적 혹은 과업지향적 특성을 가진다고 볼 수 있다.

퀄컴의 Wireless Reach는 서비스가 부족한 전 세계 커뮤니티에 무선 기술을 제공하는 전략적 이니셔티브다. Wireless Reach는 기업가 정신을 육성하고, 공공 안전에 도움을 주고, 의료 서비스를 향상시키며, 교수와 학습을 풍부하게 하고, 환경 지속 가능성을 향상시키는 프로젝트에 투자한다.

모바일 기술은 역사적으로 개발도상국의 발전을 가로막았던 지리적, 사회경제적, 교육적, 문화적 장벽을 말 그대로 무너뜨리고 있다. 지금까지 Wireless Reach는 40개국 100개 이상의 프로젝트에 대해 450명 이상

의 이해 관계자들과 협력했으며 거의 800만 명의 사
람들에게 혜택을 주었다.

이러한 퀄컴 사례는 세부목표인 [5.b 여성의 권익신장을 위
해 실용기술 특히, 정보통신 기술 이용을 증진시킨
다.]라는 목표에 부합한 방향을 제시함으로써 코칭리
더십의 "방향제시"라는 하위요소를 보여주고 있다.

이러한 "방향제시"를 통해서 퀄컴은 'Wireless Reach'를
통해서 서비스가 부족한 전 세계 커뮤니티에 무선 기
술을 제공하였다. Wireless Reach는 기업가 정신을
육성하고, 공공 안전에 도움을 주고, 의료 서비스를
향상시키며, 교수와 학습을 풍부하게 하고, 환경 지속
가능성을 향상시키는 프로젝트에 투자하게 하였다.

또한 개발은 구성원들에게 기회를 제공하여 학습할 수 있도
록 도움으로써 스스로의 역량을 향상할 수 있도록 돕
는 과정을 의미한다. 코칭리더십에서 가장 중요한 측
면 중 하나는 구성원들의 지식, 기술, 역량, 태도 등
을 향상할 수 있도록 돕는 과정인 개발이라는 하위요

소이다.

이러한 지식, 기술, 역량, 태도 등의 향상은 성과를 향상시키는 것과 연결되어져야 한다. 이러한 측면에서 개발은 구성원을 육성하는 것과 연결되어진 개념이라고 볼 수 있다.

퀄컴의 Wireless Reach는 서비스가 부족한 전 세계 커뮤니티에 무선 기술을 제공하는 전략적 이니셔티브다. Wireless Reach는 기업가 정신을 육성하고, 공공 안전에 도움을 주고, 의료 서비스를 향상시키며, 교수와 학습을 풍부하게 하고, 환경 지속 가능성을 향상시키는 프로젝트에 투자한다.

퀄컴의 Wireless Reach와 Hapinoy는 필리핀에서 Hapinoy Mobile Money Hub 프로젝트를 만드는 데 협력했다. Hapinoy Money Hub 프로젝트는 참여한 어머니들(Nanays: "엄마"의 따갈로그어")에게 모바일 리터러시 교육, 마이크로 파이낸싱 기관을 통한 자본 접근, 첨단 무선 기술을 이용한 새로운 비즈니스 기회를 제공하는 프로그램이다.

말레이시아에서는 퀄컴과 체리블레어 여성재단(Cherie Blair Foundation for Women), 튠톡 모바일 선불 (Tune Talk Mobile Prepaid), 여성 교육 직업 훈련 재단(Foundation for Women's Education and Vocational Training) 등이 손잡고 여성기업 멘토링 프로그램을 통해 비즈니스 및 기술에 대한 여성의 기술과 지식을 향상시켰다.

이러한 퀄컴 사례는 Hapinoy Money Hub 프로젝트는 참여한 어머니들에게 모바일 리터러시 교육, 마이크로 파이낸싱 기관을 통한 자본 접근, 첨단 무선 기술을 이용한 새로운 비즈니스 기회를 제공하고, 여성기업 멘토링 프로그램을 통해 비즈니스 및 기술에 대한 여성의 기술과 지식을 향상시킴으로써 여성 기업가들의 지식, 기술, 역량, 태도 등을 향상시키는 코칭리더십의 "개발"라는 하위요소를 너무나 잘 보여주고 있다.

또한 관계는 격려, 칭찬, 지지 등을 통해 구성원들과 신뢰에 기반한 수평적 관계를 형성하여 자발적으로 직무에 몰입할 수 있도록 돕는 과정을 의미한다. 코칭리더십은 구성원들과 상호 신뢰하는 인간관계를 맺는 것이 중요하다. 이 관계는 개방적인 특징을 가지고 있다.

조직 내에서 구성원들이 업무나 과제를 수행하는 과정에서 구성원들 상호 간의 관계가 성과에 영향을 미치기 때문에 무시할 수 없는 부분이다. 성과와 연관된 요인들 중 관계의 중요성이 점점 더 강조되고 있다. 따라서 구성원은 격려하고, 칭찬하며, 경청하고, 지지 함으로써 구성원들 간에 좋은 관계를 유지하는 것은 매우 중요하다. 이러한 관계는 대인관계지향적 특징을 가진다고 볼 수 있다.

모바일 기술은 역사적으로 개발도상국의 발전을 가로막았던 지리적, 사회경제적, 교육적, 문화적 장벽을 말 그대로 무너뜨리고 있다. 지금까지 Wireless Reach는 40개국 100개 이상의 프로젝트에 대해 450명 이상의 이해 관계자들과 협력했으며 거의 800만 명의 사람들에게 혜택을 주었다.

말레이시아에서는 퀄컴과 체리블레어 여성재단(Cherie Blair Foundation for Women), 튠톡 모바일 선불 (Tune Talk Mobile Prepaid), 여성 교육 직업 훈련 재단(Foundation for Women's Education and Vocational Training) 등이 손잡고 여성기업 멘토링 프로그램을 통해 비즈니스 및 기술에 대한 여성의 기술과 지식을 향상시켰다.

이 프로그램은 여성 기업가들에게 힘을 주고 격려하는 멘토링 프로그램과 함께 참가자들에게 비즈니스 교육을 제공한다. 2014년 말까지 150명의 여성 창업자들이 ICT, 비즈니스, 영어 집중교육을 이수하고 태블릿과 데이터 요금제를 받았다.

이러한 퀄컴 사례는 다양한 국가의 다양한 프로그램으로 통해서 여성 기업가들에게 힘을 주고 격려함으로써 좋은 관계를 유지하여 좋은 성과를 내는 코칭리더십의 "관계"라는 하위요소를 보여주고 있다.

정리하면, 세부목표 [5.6 국제인구개발회의 행동계획과 베이징 행동강령 및 그 검토회의 결과문서에서 합의한 대로 성 및 임신보건과 임신에 대한 권리를 보편적으로 접근할 수 있도록 보장한다.]의 실현에 해당되는 P&G 사례와 세부목표 [5.b 여성의 권익신장을 위해 실용기술 특히, 정보통신 기술 이용을 증진시킨다.]의 실현에 해당되는 퀄컴 사례는 코칭리더십 관점에서 개인과 조직의 성과를 향상시키기 위해서 지속적인 대화를 통해 피드백을 주고 격려를 받게 하는 말과 행동의 과정으로, 조직의 리더가 구성원들과의 관계를 수평적으로 유지하며, 조직원들이 자신의 업무를 자발적으로 수행해 나가기 위해서 자신들의 숨겨진 잠재력을 극대화해 나가는 과정을 의미하며, 이러한 과정에서 구성원들 개개인의 특성을 이해하고 스스로 동기부여 할 수 있도록 도움으로써 조직의 당면과제를 해결하고, 성과를 내도록 영향력을 끼치는 코칭리더십을 발휘하고 있다.

HYPE 사례는 코칭리더십의 "방향제시", "개발", "수행평가", "관계"라는 하위요소를 너무나 잘 보여주고 있다.

방향제시는 구성원들이 구체적인 목표를 스스로 설정해 나갈 수 있도록 리더가 도와주는 과정을 의미한다. 코칭리더십은 구성원들의 과제나 업무가 어떤 목표 혹은 목적을 향하여 나아갈 수 있도록 방향을 제시하는 리더십을 의미한다.

코칭리더십에서 이러한 방향제시가 중요한 이유는 구성원들이 성과를 내도록 영향력을 끼치는 과정에서 목표를 설정하는 것이 출발점이 되기 때문이다. 또한 이러한 방향제시는 구성원들의 개인적인 비전 혹은 업무와 연관된 조직의 비전과 연관되도록 하는 것이 효과적이다. 따라서 코칭리더십의 방향제시라는 하위요소는 성과지향적 혹은 과업지향적 특성을 가진다고 볼 수 있다.

SDG 5를 구현하기 위한 업계 및 개별 조직의 **훌륭한 예가** 많이 있다. HYPE도 다양한 방식으로 참여하고 있다.

가장 좋은 예는 HYPE의 지속가능성 및 사회적 영향 담당 책임자인 Sandra Fernholz와 Natalie Turner가 2년 전에 시작한 여성 혁신 이니셔티브로, 혁신 이니셔티브인 'Women in Innovation'은 더 많은 여성들이 이 분야에 진출하도록 장려하기 위해 혁신 주제에 대한 여성적 관점을 제공하는 시리즈이다.

Sandra Fernholz는 "우리에게 혁신은 미래를 함께 형성하는 것을 의미합니다. 더 좋고 공정한 미래입니다. 우리의 여성 혁신 이니셔티브로, 우리는 훨씬 더 많은 여성과 사람들에게 영감을 주고 혁신을 하고 싶습니다. 우리는 혁신 산업에서 헌신적이고 높은 자격을 갖춘 여성들을 역할 모델로 보여주고 싶습니다. 혁신 문제에 대한 우리의 여성 관점은 전 세계 여성들이 혁신을 계속 추진하도록 장려하고 미래 세대를 위한 기반을 마련하기 위해 고안되었습니다."

이러한 HYPE 사례는 혁신 이니셔티브인 'Women in Innovation'은 더 많은 여성들이 이 분야에 진출하도록 장려하기 위해 혁신 주제에 대한 여성적 관점을 제공함으로써 코칭리더십의 "방향제시"라는 하위요소를 보여주고 있다.

또한 개발은 구성원들에게 기회를 제공하여 학습할 수 있도록 도움으로써 스스로의 역량을 향상할 수 있도록 돕는 과정을 의미한다. 코칭리더십에서 가장 중요한 측면 중 하나는 구성원들의 지식, 기술, 역량, 태도 등을 향상할 수 있도록 돕는 과정인 개발이라는 하위요소이다.

이러한 지식, 기술, 역량, 태도 등의 향상은 성과를 향상시키는 것과 연결되어져야 한다. 이러한 측면에서 개발은 구성원을 육성하는 것과 연결되어진 개념이라고 볼 수 있다.

참가자들은 웹 세미나, 인터뷰 및 최고 수준의 패널 토론을 통해 혁신 역할에서 여성의 현재 주제와 과제, 그리고 이러한 역할을 개별적으로 인식하고 구체화하는 방법에 대해 주로 배운다. 2022의 Women In Innovation 행사는 2022 세계 여성의 날의 공식 주제인 '편향을 깨다'라는 주제였다.

"왜 성차별적 편견과 고정관념에 대한 왜곡된 인식인 성 편
견이 있고 이러한 편견이 우리의 행동에 어떻게 영향
을 미치는가? 이러한 맥락에서 혁신을 위해 왜 여성
들이 그렇게 중요한가?"라는 질문들에 대한 아를레트
팔라시오(SIP그룹 CEO), 파비엔 자케(비너스 지니어
스 저자), 자넷 우도(Access Bank Plc의 혁신 책임
자이자 Africa Rising – Women in Innovation의
설립자), 세넬라 자야수리야(Women Empowered
Global, Diverse Consultants (Pvt) Ltd 및 WEG
Global Academy의 설립자 겸 CEO), 산드라 페르
난흘즈(HYPE Innovation의 사회적 영향 및 지속 가
능성 책임자) 등 유명 연사와 여성 혁신 지지자들의
답변이 이어졌다.

이러한 HYPE 사례는 웹 세미나, 인터뷰 및 최고 수준의
패널 토론을 통해 혁신 역할에서 여성의 현재 주제와
과제, 그리고 이러한 역할을 개별적으로 인식하고 구
체화하는 방법에 대해 지식, 기술, 역량, 태도 등을

향상시키는 코칭리더십의 "개발"라는 하위요소를 너무
나 잘 보여주고 있다.

더 나아가 수행평가는 피드백을 통해서 구성원들에게 책임
을 부여하여, 자발적으로 직무를 수행하도록 돕고, 그
결과를 공정하게 평가하는 과정을 의미한다. 코칭리더
십의 또 다른 중요한 하위요소는 구성원들이 수행한
과제나 업무에 대해서 스스로 책임을 지도록 도우며,
그 결과를 공정하고 정확하게 평가하는 수행평가이다.

이러한 수행평가는 피드백을 수반한다. 구성원들이 과업을
수행하는 데 있어서 어느 정도의 단계에 위치해 있는
지 혹은 그 과업의 수행 결과가 어디에 위치해 있는
지를 피드백함으로써 구성원들을 성장시키는 데 수행
평가의 목적이 있다.

2022 Women In Innovation 행사는 2022 세계 여성의
날의 공식 주제인 '편향을 깨다'라는 주제였다.

"왜 성차별적 편견과 고정관념에 대한 왜곡된 인식인 성 편

견이 있고 이러한 편견이 우리의 행동에 어떻게 영향을 미치는가? 이러한 맥락에서 혁신을 위해 왜 여성들이 그렇게 중요한가?"라는 질문들에 대한 아를레트 팔라시오(SIP그룹 CEO), 파비엔 자케(비너스 지니어스 저자), 자넷 우도(Access Bank Plc의 혁신 책임자이자 Africa Rising – Women in Innovation의 설립자), 세넬라 자야수리야(Women Empowered Global, Diverse Consultants (Pvt) Ltd 및 WEG Global Academy의 설립자 겸 CEO), 산드라 페르난홀즈(HYPE Innovation의 사회적 영향 및 지속 가능성 책임자) 등 유명 연사와 여성 혁신 지지자들의 답변이 이어졌다.

사람들은 – 전통적으로 남성 – 혁신할 때 일종의 사각지대를 만든다. 그러나 다양성의 필요성은 알려진 것 이상의 문제를 해결하기 위해 필수적이다. 여성은 남성과 다른 세계관을 갖고 있기 때문에 자연스럽게 테이블에 다양성을 가져다 준다. 그 결과, 문제를 식별하고 적절한 해결책을 함께 찾는 것이 훨씬 쉬워졌다.

이러한 HYPE 사례는 2022 Women In Innovation 행사는 2022 세계 여성의 날의 공식 주제인 '편향을 깨다'라는 주제를 통해서 SDG 5의 과업을 수행하는 데 있어서 어느 정도의 단계에 위치해 있는지 혹은 그 과업의 수행 결과가 어디에 위치해 있는지를 피드백함으로써 구성원들을 성장시키는 코칭리더십의 "수행평가"라는 하위요소를 보여주고 있다.

또한 관계는 격려, 칭찬, 지지 등을 통해 구성원들과 신뢰에 기반한 수평적 관계를 형성하여 자발적으로 직무에 몰입할 수 있도록 돕는 과정을 의미한다. 코칭리더십은 구성원들과 상호 신뢰하는 인간관계를 맺는 것이 중요하다. 이 관계는 개방적인 특징을 가지고 있다.

조직 내에서 구성원들이 업무나 과제를 수행하는 과정에서 구성원들 상호 간의 관계가 성과에 영향을 미치기 때문에 무시할 수 없는 부분이다. 성과와 연관된 요인들 중 관계의 중요성이 점점 더 강조되고 있다. 따라서 구성원은 격려하고, 칭찬하며, 경청하고, 지지 함

으로써 구성원들 간에 좋은 관계를 유지하는 것은 매우 중요하다. 이러한 관계는 대인관계지향적 특징을 가진다고 볼 수 있다.

2022 Women In Innovation 행사는 2022 세계 여성의 날의 공식 주제인 '편향을 깨다'라는 주제였다.

"왜 성차별적 편견과 고정관념에 대한 왜곡된 인식인 성 편견이 있고 이러한 편견이 우리의 행동에 어떻게 영향을 미치는가? 이러한 맥락에서 혁신을 위해 왜 여성들이 그렇게 중요한가?"라는 질문들에 대한 아를레트 팔라시오(SIP그룹 CEO), 파비엔 자케(비너스 지니어스 저자), 자넷 우도(Access Bank Plc의 혁신 책임자이자 Africa Rising - Women in Innovation의 설립자), 세넬라 자야수리야(Women Empowered Global, Diverse Consultants (Pvt) Ltd 및 WEG Global Academy의 설립자 겸 CEO), 산드라 페르난홀즈(HYPE Innovation의 사회적 영향 및 지속 가능성 책임자) 등 유명 연사와 여성 혁신 지지자들의 답변이 이어졌다.

이러한 HYPE 사례는 2022 Women In Innovation 행사와 같은 활동을 통해서 다양한 구성원들이 서로 격려하고, 칭찬하며, 경청하고, 지지함으로써 구성원들 간에 좋은 관계를 유지하는 코칭리더십의 "관계"라는 하위요소를 보여주고 있다.

정리하면, HYPE 사례는 코칭리더십 관점에서 개인과 조직의 성과를 향상시키기 위해서 지속적인 대화를 통해 피드백을 주고 격려를 받게 하는 말과 행동의 과정으로, 조직의 리더가 구성원들과의 관계를 수평적으로 유지하며, 조직원들이 자신의 업무를 자발적으로 수행해 나가기 위해서 자신들의 숨겨진 잠재력을 극대화해 나가는 과정을 의미하며, 이러한 과정에서 구성원들 개개인의 특성을 이해하고 스스로 동기부여 할 수 있도록 도움으로써 조직의 당면과제를 해결하고, 성과를 내도록 영향력을 끼치는 코칭리더십을 발휘하고 있다.

이베르드롤라 사례는 코칭리더십의 "방향제시", "개발", "수행평가", "관계"라는 하위요소를 잘 보여주고 있다.

방향제시는 구성원들이 구체적인 목표를 스스로 설정해 나
갈 수 있도록 리더가 도와주는 과정을 의미한다. 코
칭리더십은 구성원들의 과제나 업무가 어떤 목표 혹
은 목적을 향하여 나아갈 수 있도록 방향을 제시하는
리더십을 의미한다.

코칭리더십에서 이러한 방향제시가 중요한 이유는 구성원들
이 성과를 내도록 영향력을 끼치는 과정에서 목표를
설정하는 것이 출발점이 되기 때문이다. 또한 이러한
방향제시는 구성원들의 개인적인 비전 혹은 업무와
연관된 조직의 비전과 연관되도록 하는 것이 효과적
이다. 따라서 코칭리더십의 방향제시라는 하위요소는
성과지향적 혹은 과업지향적 특성을 가진다고 볼 수
있다.

이베르드롤라는 양성평등과 모든 소녀와 여성의 권한 부여
를 위해 유엔이 정한 목표를 달성하기 위해 확고히
전념하고 있다. 이베르드롤라는 2021년 블룸버그 양

성평등지수(Bloomberg Gender-Equality Index)에 따라 4년 연속 동등한 기회와 성별 정책을 인정받았다.

이러한 이베르드롤라 사례는 양성평등과 모든 소녀와 여성의 권한 부여를 위해 유엔이 정한 목표를 달성하기 위해 확고히 전념함으로써 코칭리더십의 "방향제시"라는 하위요소를 보여주고 있다.

이러한 이베르드롤라의 방향제시의 결과로 이베르드롤라는 블룸버그 양성평등지수 (Bloomberg Gender-Equality Index)에 따라 4년 연속 동등한 기회와 성별 정책을 인정받았다. 또한 평등한 기회, 차별 없는 그리고 다양성에 대한 존중 등을 바탕으로 노동 관계의 유리한 틀을 유지하기 위해 공헌했다. 남녀 임금의 평등을 추구하고, 남녀 모두에 대한 급여 검토의 공통 기준을 가지고 동일 직종에 대한 동일 보수를 받는다.

또한 개발은 구성원들에게 기회를 제공하여 학습할 수 있도록 도움으로써 스스로의 역량을 향상할 수 있도록 돕는 과정을 의미한다. 코칭리더십에서 가장 중요한 측면 중 하나는 구성원들의 지식, 기술, 역량, 태도 등을 향상할 수 있도록 돕는 과정인 개발이라는 하위요소이다.

이러한 지식, 기술, 역량, 태도 등의 향상은 성과를 향상시키는 것과 연결되어져야 한다. 이러한 측면에서 개발은 구성원을 육성하는 것과 연결되어진 개념이라고 볼 수 있다.

특히 여성 스포츠 진흥 및 발전을 위한 여성 유니버스 프로그램을 확대하였다. 이베르드롤라는 직원들이 일과 가정생활 사이에서 건강한 균형을 이루도록 격려하며 이 분야에 스페인 기업의 선두에 서 있다. 이베르드롤라는 이사회에서 여성의 지위 측면에서 Ibex 35의 벤치마크 회사이다.

이러한 이베르드롤라 사례는 여성 스포츠 진흥 및 발전을 위한 여성 유니버스 프로그램을 확대를 통해 이베르드롤라는 직원들이 일과 가정생활 사이에서 건강한 균형을 이루도록 격려하며 이 분야에 관한 지식, 기술, 역량, 태도 등을 향상시키는 코칭리더십의 "개발"이라는 하위요소를 너무나 잘 보여주고 있다.

더 나아가 수행평가는 피드백을 통해서 구성원들에게 책임을 부여하여, 자발적으로 직무를 수행하도록 돕고, 그 결과를 공정하게 평가하는 과정을 의미한다. 코칭리더십의 또 다른 중요한 하위요소는 구성원들이 수행한 과제나 업무에 대해서 스스로 책임을 지도록 도우며, 그 결과를 공정하고 정확하게 평가하는 수행평가이다.

이러한 수행평가는 피드백을 수반한다. 구성원들이 과업을 수행하는 데 있어서 어느 정도의 단계에 위치해 있는지 혹은 그 과업의 수행 결과가 어디에 위치해 있는지를 피드백함으로써 구성원들을 성장시키는 데 수행평가의 목적이 있다.

이베르드롤라는 양성평등과 모든 소녀와 여성의 권한 부여를 위해 유엔이 정한 목표를 달성하기 위해 확고히 전념하고 있다. 이베르드롤라는 2021년 블룸버그 양성평등지수(Bloomberg Gender-Equality Index)에 따라 4년 연속 동등한 기회와 성별 정책을 인정받았다.

2020년에 첫 번째 다양성 및 포함 보고서는 회사의 사회적 배당에 기여하고 보다 공정하고 평등한 사회로 나아가는 것을 목표로 출판되었다. 2019년 이베르드롤라는 유엔 여성 권한 부여 원칙을 채택했다. 2021년 블룸버그 양성평등지수에 따라 4년 연속 동등한 기회와 성 정책을 인정받았다. Neoenergia 그룹 디스트리뷰터인 Elektro는 라틴 아메리카에서 일하기 가장 좋은 회사라는 타이틀을 받았으며, GPTW(Great Place to Work)에서 4년 연속 수상했다.

2021년 이베르드롤라에서 공식화된 계약 중 거의 절반이 30세 미만의 여성을 위한 것이었다. 지금까지의 진전은 상당하지만, 이베르드롤라의 목표는 회사 안팎에서 평등한 국제적 기준이 되기 위해 계속 전진하는 것이다. 이베르드롤라 그룹은 인적 자원을 최고의 자산이자 성공의 열쇠로 확고히 약속하고 있으며, 직원들의 직업적 우수성과 삶의 질에 전념하는 사회적 모델을 확고히 지지하고 있습니다.

이러한 이베르드롤라 사례는 2021년 블룸버그 양성평등지수(Bloomberg Gender-Equality Index)에 따라 4년 연속 동등한 기회와 성별 정책을 인정받았고, Neoenergia 그룹 디스트리뷰터인 Elektro는 라틴 아메리카에서 일하기 가장 좋은 회사라는 타이틀을 받았으며, GPTW(Great Place to Work)에서 4년 연속 수상함을 통해서 SDG 5의 과업을 수행하는 데 있어서 어느 정도의 단계에 위치해 있는지 혹은 그 과업의 수행 결과가 어디에 위치해 있는지를 피드백함으로써 구성원들을 성장시키는 코칭리더십의 "수행평가"라는 하위요소를 보여주고 있다.

또한 관계는 격려, 칭찬, 지지 등을 통해 구성원들과 신뢰에 기반한 수평적 관계를 형성하여 자발적으로 직무에 몰입할 수 있도록 돕는 과정을 의미한다. 코칭리더십은 구성원들과 상호 신뢰하는 인간관계를 맺는

것이 중요하다. 이 관계는 개방적인 특징을 가지고
있다.

조직 내에서 구성원들이 업무나 과제를 수행하는 과정에서
구성원들 상호 간의 관계가 성과에 영향을 미치기 때
문에 무시할 수 없는 부분이다. 성과와 연관된 요인
들 중 관계의 중요성이 점점 더 강조되고 있다. 따라
서 구성원은 격려하고, 칭찬하며, 경청하고, 지지 함
으로써 구성원들 간에 좋은 관계를 유지하는 것은 매
우 중요하다. 이러한 관계는 대인관계지향적 특징을
가진다고 볼 수 있다.

남녀 간의 효과적인 평등은 평등, 다양성 및 포용 정책에
명시된 이베르드롤라의 핵심 가치의 일부를 형성한다.
이를 최대한 구현하기 위해 회사는 모든 국가에서 다
양한 이니셔티브를 시작했다.

그룹 차원에서 이베르드롤라는 강력하고 개방적이며 경쟁력
있는 유럽연합을 만드는 정책을 설계하고 방어하기
위한 목적으로 유럽 다국적 기업의 50명의 대통령과

CEO가 모이는 공동체 차원의 이니셔티브인 유럽 라운드 테이블(European Round Table)의 회원이다.

이러한 이베르드롤라 사례는 이베르드롤라 스페인, 영국, 미국, 브라질, 멕시코 등의 각국에서 서로 격려하고, 칭찬하며, 경청하고, 지지함으로써 구성원들 간에 좋은 관계를 유지함으로써 좋은 성과를 내는 코칭리더십의 "관계"라는 하위요소를 보여주고 있다.

정리하면, 이베르드롤라 사례는 코칭리더십 관점에서 개인과 조직의 성과를 향상시키기 위해서 지속적인 대화를 통해 피드백을 주고 격려를 받게 하는 말과 행동의 과정으로, 조직의 리더가 구성원들과의 관계를 수평적으로 유지하며, 조직원들이 자신의 업무를 자발적으로 수행해 나가기 위해서 자신들의 숨겨진 잠재력을 극대화해 나가는 과정을 의미하며, 이러한 과정에서 구성원들 개개인의 특성을 이해하고 스스로 동기부여 할 수 있도록 도움으로써 조직의 당면과제를 해결하고, 성과를 내도록 영향력을 끼치는 코칭리더십을 발휘하고 있다.

마지막으로 NGO 단체, 원걸캔 사례는 코칭리더십의 "방향제시", "개발", "수행평가", "관계"라는 하위요소를 잘 보여주고 있다.

방향제시는 구성원들이 구체적인 목표를 스스로 설정해 나갈 수 있도록 리더가 도와주는 과정을 의미한다. 코칭리더십은 구성원들의 과제나 업무가 어떤 목표 혹은 목적을 향하여 나아갈 수 있도록 방향을 제시하는 리더십을 의미한다.

코칭리더십에서 이러한 방향제시가 중요한 이유는 구성원들이 성과를 내도록 영향력을 끼치는 과정에서 목표를 설정하는 것이 출발점이 되기 때문이다. 또한 이러한 방향제시는 구성원들의 개인적인 비전 혹은 업무와 연관된 조직의 비전과 연관되도록 하는 것이 효과적이다. 따라서 코칭리더십의 방향제시라는 하위요소는 성과지향적 혹은 과업지향적 특성을 가진다고 볼 수 있다.

원걸캔은 캐나다와 케냐의 등록된 자선단체로 빈곤의 고리를 끊고 교육과 멘토링을 통해 양성평등을 이루기 위해 노력하고 있다. 이 단체의 독특한 전체론적 모델은 초등학교를 졸업할 때부터 의미 있는 직업을 얻는 날까지 소녀에게 힘을 실어준다. 원걸캔은 롯데 데이비스에 의해 2008년에 설립되었다.

이러한 원걸캔 사례는 빈곤의 고리를 끊고 교육과 멘토링을 통해 양성평등을 이루기 위해 노력함으로써 코칭리더십의 "방향제시"라는 하위요소를 보여주고 있다. 이러한 원걸캔의 방향제시는 성 불평등을 완화하기 위해 유기적으로 상호 연결되는 세 가지 기둥을 기반으로 한다. "우리는 건설한다. 우리는 교육한다. 우리는 멘토입니다."

이러한 원컬캔의 방향제시 결과로 130개의 건물을 건설하고, 628명 고등학교 장학금, 373명 대학교 장학금을 지급하였으며, 10,000명의 소녀들이 매년 멘토링을 받고 있다.

또한 개발은 구성원들에게 기회를 제공하여 학습할 수 있도록 도움으로써 스스로의 역량을 향상할 수 있도록 돕는 과정을 의미한다. 코칭리더십에서 가장 중요한 측면 중 하나는 구성원들의 지식, 기술, 역량, 태도 등을 향상할 수 있도록 돕는 과정인 개발이라는 하위요소이다.

이러한 지식, 기술, 역량, 태도 등의 향상은 성과를 향상시키는 것과 연결되어져야 한다. 이러한 측면에서 개발은 구성원을 육성하는 것과 연결되어진 개념이라고 볼 수 있다.

케냐에서는 실업률이 높은 젊은 여성들이 졸업 후 의미 있는 일을 찾는 것을 어렵게 만든다. 원걸캔이 Sauder School of Business 사회적 기업가정신 프로그램(SSE-Kenya)과 파트너십을 맺고 기업가 훈련 아카데미를 만든 이유다.

세계은행이 케냐가 새로운 일자리의 가장 큰 원천 중 하나라고 보고함에 따라 기업가정신 교육은 케냐의 실업

률을 줄이는 데 매우 중요하다. 이런 혁신교육은 고
등학생과 대학생에게 소규모 벤처창업의 초석을 가르
치는 맞춤형 프로그램이다. 기업가 훈련 아카데미는
특정 분야를 전문으로 하는 국내 과목 전문가와 국제
자원봉사자들에 의해 가르친다.

그들은 학생들이 새로운 사업을 시작하는 동안 지속적인 멘
토링과 지도를 제공한다. 매년, UBC Sauder School
of Business는 원걸캔과 협력하여 케냐의 취약 지역
에서 학생들의 생활을 개선하고 실업률을 줄이는 데
도움이 되는 중요한 비즈니스 도구와 지식을 제공할
것이다.

이러한 원걸캔 사례는 원걸캔이 Sauder School of
Business 사회적 기업가정신 프로그램(SSE-Kenya)
과 파트너십을 맺고 기업가 훈련 아카데미를 통해서
이 분야에 관한 지식, 기술, 역량, 태도 등을 향상시
키는 코칭리더십의 "개발"라는 하위요소를 너무나 잘
보여주고 있다.

그 결과 매년, UBC Sauder School of Business는 원걸 캔과 협력하여 케냐의 취약 지역에서 학생들의 생활을 개선하고 실업률을 줄이는 데 도움이 되는 중요한 비즈니스 도구와 지식을 제공하고 있다.

더 나아가 수행평가는 피드백을 통해서 구성원들에게 책임을 부여하여, 자발적으로 직무를 수행하도록 돕고, 그 결과를 공정하게 평가하는 과정을 의미한다. 코칭리더십의 또 다른 중요한 하위요소는 구성원들이 수행한 과제나 업무에 대해서 스스로 책임을 지도록 도우며, 그 결과를 공정하고 정확하게 평가하는 수행평가이다.

이러한 수행평가는 피드백을 수반한다. 구성원들이 과업을 수행하는 데 있어서 어느 정도의 단계에 위치해 있는지 혹은 그 과업의 수행 결과가 어디에 위치해 있는지를 피드백함으로써 구성원들을 성장시키는 데 수행평가의 목적이 있다.

원걸캔은 소녀들과 함께 하는 일은 교육에 대한 접근을 제공하는 것으로 끝나지 않는다. 원걸캔은 소녀들이 의미 있는 경력을 쌓을 때까지 코칭과 훈련을 통해 지원하기 위해 그곳에 있다. 그리고 졸업 후, 원걸캔 프로그램의 소녀들은 멘토가 된다. 이것은 사회 전반에 파급 효과를 일으키고 궁극적으로 원걸캔을 가장 소외된 지역의 빈곤과 성 불평등을 종식시키는 데 더 가까이 가게 한다.

이러한 원걸캔 사례는 권한 부여의 서클을 통해서 SDG 5의 과업을 수행하는 데 있어서 어느 정도의 단계에 위치해 있는지 혹은 그 과업의 수행 결과가 어디에 위치해 있는지를 피드백함으로써 구성원들을 성장시키는 코칭리더십의 "수행평가"라는 하위요소를 보여주고 있다.

또한 관계는 격려, 칭찬, 지지 등을 통해 구성원들과 신뢰에 기반한 수평적 관계를 형성하여 자발적으로 직무에 몰입할 수 있도록 돕는 과정을 의미한다. 코칭리더십은 구성원들과 상호 신뢰하는 인간관계를 맺는 것이 중요하다. 이 관계는 개방적인 특징을 가지고 있다.

조직 내에서 구성원들이 업무나 과제를 수행하는 과정에서 구성원들 상호 간의 관계가 성과에 영향을 미치기 때문에 무시할 수 없는 부분이다. 성과와 연관된 요인들 중 관계의 중요성이 점점 더 강조되고 있다. 따라서 구성원은 격려하고, 칭찬하며, 경청하고, 지지 함으로써 구성원들 간에 좋은 관계를 유지하는 것은 매우 중요하다. 이러한 관계는 대인관계지향적 특징을 가진다고 볼 수 있다.

원걸캔은 소녀들과 함께 하는 일은 교육에 대한 접근을 제공하는 것으로 끝나지 않는다. 원걸캔은 소녀들이 의미 있는 경력을 쌓을 때까지 코칭과 훈련을 통해 지원하기 위해 그곳에 있다. 그리고 졸업 후, 원걸캔 프로그램의 소녀들은 멘토가 된다. 이것은 사회 전반에 파급 효과를 일으키고 궁극적으로 원걸캔을 가장 소외된 지역의 빈곤과 성 불평등을 종식시키는 데 더 가까이 가게 한다.

이러한 원걸캔 사례는 원걸캔을 통해 수혜를 받은 선배들은 후배들을 서로 격려하고, 칭찬하며, 경청하고, 지지함으로써 구성원들 간에 좋은 관계를 유지함으로써 좋은 성과를 내는 코칭리더십의 "관계"라는 하위요소를 보여주고 있다.

이러한 맥락에서 원걸캔의 사례는 코칭리더십 발현의 모범적인 사례라고 볼 수 있다.

정리하면, SDG 5. 양성평등을 달성하기 위한 다양한 기업들의 사례들과 NGO들의 다양한 사례들은 코칭리더십 관점에서 개인과 조직의 성과를 향상시키기 위해서 지속적인 대화를 통해 피드백을 주고 격려를 받게 하는 말과 행동의 과정으로, 조직의 리더가 구성원들과의 관계를 수평적으로 유지하며, 조직원들이 자신의 업무를 자발적으로 수행해 나가기 위해서 자신들의 숨겨진 잠재력을 극대화해 나가는 과정을 의미하며, 이러한 과정에서 구성원들 개개인의 특성을 이해하고 스스로 동기부여 할 수 있도록 도움으로써 조직의 당면과제를 해결하고, 성과를 내도록 영향력을 끼치는 코칭리더십을 발휘하고 있다.

따라서 다양한 사례들에서 나타난 바와 같이 코칭리더십을 발휘하여 SDG 5. 양성평등을 달성하려고 노력하는 NGO 단체 및 기업들이 늘어날 때 양성평등이라는 SDG 5의 달성은 보다 앞당겨지고, 모두가 평등한 세상에 더욱 가까워질 것이라고 확신한다.